최진기의
거의 모든
인문학
특강

최진기의
거의 모든
인문학
특강

최진기 지음

인문학이란 무엇인가?

철학자 이마누엘 칸트의 말로 시작하고자 합니다.

그는 "인간을 수단이 아닌 목적으로 대하라"고 했습니다. 인문학 역시 수단이 아닙니다.

인문학은 영어로 'humanities'라고 씁니다. 단어 앞 부분의 'human'에서 알 수 있듯이 인문학은 인간학입니다. 인문학을 공부하는 이유는 바로 인간이 되기 위해서입니다.

human vs. expert, 인간이 되기 위해서

그럼 human의 반대말은 무엇일까요?

이 질문에 답을 하기 전에 잠시 과거로 들어가보겠습니다.

알렉산더 대왕이 동방 세계를 정복한 이후 그리스의 생활방식과 문화가 오리엔트 전역에 전파되어 형성된 시기가 헬레니즘 시대입니다. 그리스와 로마 사이의 시기이죠.

그 당시 그리스와 로마는 민주주의를 하고 있었습니다. 그러나 투표를 할 때 차이점이 있었습니다. 그리스는 외국인이 투표를 못했지만 로마는 가능했습니다. 왜냐하면 그리스는 도시국가였고 로마는 세계국가였으니까요. 로마를 세계평등주의라고 말합니다. 그럼에도 두 나라 모두 여자와 노예는 투표를 못했습니다. 당시에는 인간이라고 생각을 안 했기 때문입니다.

다시 처음 질문으로 돌아가겠습니다. 그럼 human의 반대말이 무엇일까요? 당시에는 노예였습니다. 그때는 노예를 영어로 slave가 아닌 'expert'라고 했습니다. 요즘은 전문가로 쓰이는 말이 당시는 노예였죠. 물론 지금 전문가는 좋은 의미로 쓰이고 있습니다. 전문가는 흔히 '한 가지 일을 잘하는 사람'으로 통합니다. 당시 노예 역시 한 가지 일, 노동에 특화되어 있었습니다. 예를 들어 노를 젓는다거나 짐을 나르는 일 등이죠.
반면에 문학, 예술, 철학, 정치, 경제, 역사, 과학 등 다양한 분야를 섭렵해야 human, 즉 인간이 되는 것이라 생각했습니다. 당시 인간은 노예를 한 가지밖에 모른다고 여겼습니다.

그래서 인문학을 한다는 것은 어느 특정 학문을 한다는 것이 아니라 골고루, 다양한 학문이 바탕이 되어야 한다는 것을 의미합니다. 그것이 제대로 인문학을 하는 길이라 여긴 것이죠. 현재 고등학생들이 사회탐구 영역 과목을 선택하여 수능시험을 치르고 있습니다. 대단히 비인문학적인 발상이죠. 사탐을 선택한다는 것은 'human'이 아닌 'expert'의 방향으로 가자는 것이니까요. 요즘 시대가 인문학이 중요하다고 여기저기서 말하지만 교육

현장에서는 반대로 가고 있는 것이죠.

제대로 된 '인간'이 되기 위해 인문학을 알아야 한다

21세기는 전문가의 시대라고 합니다. 그러나 시간이 흐르면서 기업에서도 인문학 열풍이 불고 있습니다. 스티브 잡스 역시 인문학을 강조한 대표적인 사람이죠. 미국의 주요 기업들이 입사 시험에 인문학적인 소양을 묻고 있습니다. 이를 통해 알 수 있듯이 이제는 자본도 문화나 예술 등과 결합하지 않고서는 생산이 어려워졌습니다.

아이러니하게도 지금의 인문학 열풍은 두 가지 측면이 있습니다.
대학에서는 인문학이 홀대받고 있지만 기업에서는 인문학 열풍이 불고 있습니다. 이것이 다른 것 같지만 똑같은 증상입니다. 저는 자본에 포섭되지 않은 인문학은 버림받고 자본에 포섭된 인문학은 각광받고 있다고 생각합니다. 이런 현상이 나쁘다고 생각하지만은 않습니다.

조앤 롤링이 쓴 소설 '해리 포터' 시리즈를 예로 들어봅시다. 문학이 거꾸로 자본을 포섭한 경우겠죠. 현대 자본주의가 없었다면 롤링의 역작이 책과 영화로 전 세계적으로 알려졌을까요? 문학이 주가 되고 자본이 종이 되어서 사회를 발전시키고 개선시킨 사례죠. 즉 문화와 자본의 결합을 무조건 나쁘게 볼 것은 없다고 생각합니다. 다만 역으로 문화가 자본에 철저히 종속되는 것은 문제입니다.

다시 처음으로 돌아가 칸트의 표현을 빌리자면, expert는 '수단'일 수 있고 human은 '목적'입니다. 우리가 정신을 바짝 차려야 하는 이유죠. 우리는 각자의 분야에서 전문가가 돼야 하지만 인문학을 버려서는 안 됩니다. 현대 사회에 살아남기 위해서는 인문학을 하면서도 전문가가 되어야 합니다. 그리고 'human'과 'expert'가 반대말이라는 것을 우리는 잊지 말아야 합니다.

다음 페이지부터 나오는 내용은 우리가 진정한 'human'이 되기 위해서 어떤 생각을 하고 살아야 하는가, 무슨 지식을 쌓아야 하는가에 대한 제 작은 고민의 결과물입니다. 우리 사회와 동떨어진 죽은 지식이 아닌 '생활밀착형' 인문학에 대해 말하고자, 인간의 희로애락이 모두 담긴 영화를 통해 인문학적인 주제를 생각해보고자 노력했습니다.

살아 숨 쉬는 일상과 접목된 인문학을 통해 우리 모두 참 'human'으로 거듭났으면 하는 바람입니다.

차례

프롤로그 인문학이란 무엇인가? ·· 004

Part 1.
영화로 보는
거의 모든
사회와 문화

1. 〈다크 나이트〉로 본 일탈행위 이론 ·· 012

2. 〈슈렉〉으로 본 기능론과 갈등론 ·· 025

3. 〈해리 포터〉로 본 계급론과 계층론 ·· 038

4. 〈찰리와 초콜릿 공장〉으로 본 문화 이해 태도 ·· 052

5. 〈엑스맨〉으로 본 지위와 역할 ·· 068

Part 2.
영화로 보는
거의 모든
철학

1. 〈캐리비언의 해적〉으로 본 칸트 vs. 공리주의 ·· 084
2. 〈반지의 제왕〉으로 본 공자와 맹자 ·· 103
3. 〈라이언 킹〉으로 본 노자와 장자 ·· 115
4. 〈매트릭스〉로 본 석가모니 ·· 129
5. 〈타이타닉〉으로 본 존 롤스 ·· 140
6. 〈레미제라블〉로 본 정의 ·· 157
7. 〈아바타〉로 본 환경윤리 ·· 186

Part 3.
영화로 보는
거의 모든
역사

1. 〈바람과 함께 사라지다〉로 본 남북전쟁 ·· 200
2. 〈대부〉로 본 마피아의 세계 ·· 218
3. 〈석양의 무법자〉로 본 골드러시 ·· 233
4. 〈7인의 사무라이〉로 본 사무라이의 역사 ·· 247
5. 〈타이타닉〉으로 본 대형 운송수단 사고의 역사 ·· 260
6. 〈쇼생크 탈출〉로 본 탈옥의 역사 ·· 273
7. 〈쉰들러 리스트〉로 본 아우슈비츠 ·· 288

Part 1.

영화로 보는
거의 모든
사회와 문화

〈다크 나이트〉로 본 일탈행위 이론

〈슈렉〉으로 본 기능론과 갈등론

〈해리 포터〉로 본 계급론과 계층론

〈찰리와 초콜릿 공장〉으로 본 문화 이해 태도

〈엑스맨〉으로 본 지위와 역할

〈다크 나이트〉로 본
일탈행위 이론

★

다크 나이트 The Dark Knight (2008)

감독: 크리스토퍼 놀런

출연: 크리스천 베일, 히스 레저, 에런 에카트, 마이클 케인, 매기 질렌할, 게리 올드먼, 모건 프리먼, 모니크 커넌

정의로운 검사 하비, 고든 경감과 함께 고담 시의 범죄자 대부분을 체포한 배트맨은 하비에게 희망을 느끼고 고담 시의 수호자 역할을 넘긴 뒤 자신의 생활로 돌아가려 한다. 하지만 '조커'라는 미치광이 살인마가 등장하면서 고담 시는 다시 환란에 빠진다.

무자비한 범죄를 일삼던 조커는 자신을 저지하려는 하비 검사에게 앙심을 품고 경찰까지 매수하는 치밀한 계획 끝에 하비 검사와 그의 약혼녀 레이철을 납치한다. 이들을 구하려는 배트맨의 필사적인 노력에도 불구하고, 하비 검사는 사랑하는 약혼녀를 잃고 만다.

조커는 괴로워하는 하비에게 교묘히 접근하여 일탈행위를 부추기는데……

조커: 안녕. 이봐, 개인적인 감정은 다 풀자고…… 당신이랑 그 여자……

하비: 레이철!

조커: 둘이 납치됐을 때 난 유치장에 있었어. 내가 폭탄을 터뜨린 게 아냐.

하비: 네놈이 세운 계획이었어.

조커: 과연 네 약혼녀의 죽음이 내 탓일까? 경찰은 사회규범을 강화해서 질서를 유지하려 하지. 통제를 자꾸 강화하려고만 하잖아. 경찰서장도 그렇고 자신들의 이해관계에 반하는 행위를 하면 사회문제로 규정짓는 너희들. 난 너희가 사회문제라

고 규정짓는 행위와 사고방식을 몸소 실천하며 너희에게 정
면으로 반박하는 사람일 뿐이야. 그러니 이리 와. 과연 누구
를 위해 존재하는 사회규범인지 다시 한번 생각해보라고. 사
람은 환경에 따라 변하게 마련이지. (하비의 묶인 손을 풀어주
며) 어쨌든 부패한 경찰 놈들 때문에 당신 애인이 죽은 거야.
당신도 사회규범, 규칙만 운운하다가 이꼴이 된 거고.

(하비가 조커에게 덤벼든다.)

난 당신들이 추구하는 가치와 반대로 행동했을 뿐이야. 드럼
통 몇 개, 총알 몇 개로 도시가 어떻게 됐지? 이거 알아? 사
람들은 지배계층이 추구하는 가치와 사고방식만을 존중한다
고. 심지어 그 행위가 일탈에 속할지라도! 사람들은 내가 총
을 가진 것을 보면 분명히 범죄와 같은 일탈을 저지를 것이라
고 예상하겠지. 하지만 무기를 사용하는 사람이 배트맨이라
면? 그건 일탈이라고 취급하지 않아. (권총을 꺼내며) 결국 행
위 자체가 문제가 아니라 (권총을 하비의 손에 쥐여준다) 그 행
위를 저지른 사람을 일탈행위자로 바라보는 사람들이 문제
인 거야. (하비의 손에 쥐여준 권총의 총구를 자신의 이마에 댄
다) 보다시피 난 이미 사람들의 낙인이 내면화되었어. 진정 너
희가 나의 일탈을 해결하고 싶었다면 함부로 사람을 낙인찍
지 말았어야지.

하비: (동전을 손에 들고) 앞면이면 살고 뒷면이면 죽는다.

조커: 어디 두고보지. (하비가 동전을 던진다.)

결국 조커의 꾐에 넘어간 하비 검사, 약혼녀 레이철의 죽음과 관련이 있다고
생각한 경찰서장의 가족을 납치한다.

하비:　　　당신 부하들 때문에 레이철이 여기서 죽었어.

경찰서장:　나도 왔었소, 그녀를 구하러.

하비:　　　안 구했잖아!

경찰서장:　못 구한 거요.

하비:　　　내가 말했지, 당신네 경찰들은 부패했다고. 당신이 내 말을

들었더라면 레이철을 구할 수 있었어.

경찰서장: 나도 싸웠다고요!

하비: 변명 집어치워. 난 모든 걸 잃었어. 사랑하는 사람에게 괜찮을 거라고 거짓말하는 그 기분이 어떤지 아나? 곧 알게 될 거야, 경찰서장 나리. 그럼 내 눈을 보고 미안하다고 말하겠지.

경찰서장: 가족은 해치지 말아줘요.

하비: 전부 죽이지는 않아. 네가 가장 사랑하는 사람만…… (경찰서장의 가족에게 다가간다.)

배트맨: 아이를 해치면 안 돼.

하비: 그냥 보내주기엔 너무 불공평해! 더러운 세상에서 나 혼자만 깨끗한 사람이 되겠다? 불가능해. 난 그동안 사회규범이 정의를 위해 존재한다고 생각했어. (동전을 꺼낸다.) 하지만 아니야. 부패한 경찰들은 사회규범을 위반하는 행위를 방관하다 못해 결국 협조하기까지 했지. 꼬마도 레이철처럼 살 확률은 반반이야.

배트맨: 하비, 당신은 지금 일시적으로 가치관이 흔들리는 아노미 상태일 뿐이야.

하비: 그럼 왜 나만 모든 것을 잃었지?

배트맨: 그렇지 않아.

하비: 조커는 날 선택했어!

배트맨: 그거야 당신이 가장 정의로운 인간이었으니까! 조커는 당신과 접촉하고 교류함으로써 당신 같은 사람도 타락할 수 있다는 것을 증명하려 한 거야.

하비:　　　성공했군.

배트맨:　　총구를 돌려, 하비. 함께 노력해서 사회규범의 통제력을 회복시키
　　　　　자고.

하비:　　　당신, 말은 잘도 하는군. (동전을 들면서) 네놈부터 죽이겠다! (동전
　　　　　을 던진다.)

선택의 기로에 선 하비 검사, 그의 선택은?

end

차별적 교제 이론

여러분은 배트맨과 조커 중 누구의 의견에 동의하십니까? 정의감에 불타는 수호자 하비 검사는 왜 범죄자가 되었을까요? 또 조커는 자신의 행동에 대해 억울하다는 생각을 할 수도 있지 않을까요?

하비의 행동은 먼저 '차별적 교제 이론'으로 설명할 수 있습니다. 조커를 만나기 전까지 하비 검사는 결코 일탈행위를 하지 않았습니다. 하지만 조커를 만나면서 하비 검사의 일탈행위가 시작되었죠. 이런 걸 차별적 교제라고 합니다. 사자성어로 표현하면 근묵자흑(近墨者黑)입니다. 검은 것의 옆에 가면 자연 검게 변하는 것처럼, 나쁜 친구와 어울리다보면 나쁘게 변한다는 것입니다. 무엇으로 차별적 교제 이론을 이해할 수 있을까요? 차별적 교제 이론을 통해 조직적인 범죄가 쉽게 설명됩니다.

> **배트맨 Says**
>
> 이봐, 하비! 조커는 당신과 접촉하고 교류함으로써 당신 같은 사람도 타락할 수 있다는 것을 증명하려 한 거야!

차별적 교제 이론

- 일탈행동은 다른 사람들, 특히 가족이나 또래 집단 같은 친밀한 사람들과의 상호작용 과정에서 학습됨.
- 어떤 사람들과 주로 상호작용하느냐에 따라 개인의 일탈행동 학습 가능성이 달라짐.
- 해결 방안: 정상적인 사회집단과의 교류 촉진, 일탈자와의 접촉 차단.

아노미 이론

반면에 아노미 이론으로 보면 하비 검사의 변화에 대해 이렇게 생각할 수 있습니다. '정말 조커를 만났기 때문에 하비가 일탈한 걸까?' 가만히 생각해보면 하비 검사가 일탈을 하게 된 근본적인 계기는 바로 약혼녀 레이철의 죽음입니다.

하비 검사는 원래 이렇게 생각했을 겁니다. 자신이 검사로서 정상적인 방법으로 법적 정의와 사회정의를 실현할 수 있다고. 이게 본래 하비 검사가 지닌 가치관입니다.

그런데 큰 변화가 생겼습니다. 레이철이 죽었는데 기존의 가치관으로는 그녀의 죽음에 대한 복수를 할 수 없게 된 겁니다. 그러니까 기존의 가치관이 흔들리는 거죠. 어떤 수단과 방법을 동원해서라도 레이철의 복수를 해야겠다는 새로운 가치관이 생겼습니다.

그러면서 상반되는 두 가치관이 충돌한 겁니다. 정의를 실현하는 검사의 역할과 레이철의 약혼자로서 그녀의 죽음에 대한 복수를 해야 한다는 생각이 충돌하면서, 어떤 선택을 내려야 할지 모른 채 가치관에 혼란이 생기는 거죠. 이런 것을 우리는 '아노미(anomie)' 상태에 빠졌다고 합니다.

아노미는 '무법, 무질서의 상태, 신의(神意)나 법의 무시'라는 뜻의 그리스어 아노미아(anomia)에서 나온 말입니다. 'a'는 없다는 뜻이고, 'nomie'는 규범입니다. 즉 규범이 없는 상태를 뜻합니다. 이 상태에서는 결국 어떤 일들이 벌어질까요? 목적을 위해서 수단과 방법을 가리지 않게 됩니다. 두 가지 가치규범이 충돌해서 어느 규범을 따라야 할지 모르게 되고 목적을 위해서는 수단과 방법을 가리지 않게 되는 상태, 목적과 수단의 괴리가 발생한 것을 기능론의 '아노미 이론'이라고 정의합니다.

이처럼 하비 검사의 범죄행위는 '일탈행위 이론'에 따른 '차별적 교제 이론'과 '아노미 이론'의 측면에서 설명할 수 있습니다. 영화상으로는 약혼녀의 죽음과 조커의 꼬드김이 하비를 범죄자로 만들지만, 그 과정을 이론적으로는 이렇게 설명할 수 있다는 것을 알아두시면 좋겠습니다.

배트맨 Says 이봐, 하비! 당신은 지금 일시적으로 가치관이 흔들리는 아노미 상태일 뿐이야.

아노미 이론

- 뒤르켐(Émile Durkheim) : 급격한 사회변동으로 기존 규범이 무너지고 사회의 주도적인 규범이 없을 때 일탈이 발생.
- 머튼(Robert K. Merton) : 문화적으로 인정되는 목표와 제도적으로 인정되는 수단의 불일치로 인해 일탈이 발생.
- 해결 방안 : 재사회화를 통해 새로운 가치규범을 재주입.

낙인 이론

하비는 이쯤에서 마무리하고, 이번에는 희대의 악당 조커에 대해 생각해볼까요? 조커는 왜 범죄자가 되었을까요? 교도소에 가면 억울하지 않은 사람이 한 명도 없다고 합니다. 그러니 조커에게도 핑계가 있겠죠. 조커의 행동은 '낙인 이론'으로 설명할 수 있습니다.

조커의 입장에서는 배트맨과 자기가 다른 게 뭐냐고 항변할 수 있겠죠. 똑같은 일을 했을 뿐이라는 겁니다. 배트맨이 총을 쐈습니다. 조커도 총을 쐈고요. 배트맨이 주먹으로 쳤고, 조커도 주먹으로 쳤습니다. 둘이 똑같은 행동을 했는데 배트맨에게는 아무도 뭐라고 하지 않습니다. 그런데 조커가 사람을 치는 것을 보고는 "나쁜 놈"이라고 욕한다는 거죠. 따라서 조커는 동일한 행동을 했음에도 불구하고 사람들이 자기만 낙인찍어 욕한다고 생각합니다. "너는 조커니까. 너는 쓰레기, 원래 그런 놈이니까" 하고 말이죠. 그래서 조커는 자포자기하고 맙니다. 처음에는 뭔가 해보고 싶은 일이 있었지만 스스로 포기해버리고, 자기가 얼마나 위험한 악당인지를 세상에 보여주고 싶어하게 된 거죠. 이게 바로 낙인 이론입니다.

> 결국 행위 자체가 문제가 아니라,
> 그 행위를 저지를 사람을 일탈행위자로 바라보는
> 사람들이 문제인 거야! 왜 나만 갖고 그래!

**조커
Says**

낙인 이론

- 낙인 이론은 일탈을 규정짓는 객관적인 규범은 존재하지 않는다는 전제하에 특정 행동에 대한 사람들의 반응이나 의미 규정에 관심을 둠.
- 상징체계를 공유하지 못하거나, 특정한 행위에 일탈이라는 상징을 부여함으로써 일탈이 발생한다고 봄.
- 해결 방안: 더이상 어떤 행동을 일탈이라고 규정하지 않음(비범죄화).

고민 부모

저는 우리 아이에 대한 기대감으로 어려서부터 지원을 아끼지 않았습니다. 기대한 만큼 공부를 잘하지는 못했지만 착한 아이였어요. 그런데 요즘 우리 아이가 친구들과 어울려 다니면서 비행을 일삼고 있는데 무엇이 문제인가요?

배트맨: 나쁜 친구를 사귀면서 부정적인 영향을 받는 것이 문제예요.

조커: 나쁜 친구와 한두 번 어울린다고 해서 모두 다 문제아가 되는 건 아니죠. 오히려 자녀를 문제아로 보니까 자녀의 행동이 비행으로 보이는 거예요.

하비: 사회나 부모의 기대가 너무 높은데 정상적인 방법으로는 그것을 충족시키지 못하니까 자녀가 밖으로 나돌면서 비행을 일삼게 되는 겁니다.

I. 1. 배트맨은 _____ 에 대해서 말하고 있다.

2. 조커는 _____ 에 대해서 말하고 있다.

3. 하비는 _____ 에 대해서 말하고 있다.

정답: 1. 차별적 교제 이론 2. 낙인 이론 3. 아노미 이론

II. 배트맨, 조커, 하비의 이론적 관점에 대한 설명으로 가장 적절한 것은 무엇일까요?

진기: 배트맨은 비행이 서로 다른 가치의 갈등에서 비롯된다고 본다.

민석: 조커는 사회 변화에 따른 전통적인 규범의 해체가 비행의 원인이라고 본다.

성묵: 하비는 비행 자체보다는 그에 대한 사회적 평가를 문제삼고 있다.

대훈: 배트맨과 조커는 불량한 친구와의 접촉을 통한 학습이 비행의 원인이라고 본다.

유민: 배트맨과 하비는 비행을 규정하는 사회적 규범이 존재한다고 본다.

해 설

배트맨은 비행이 서로 다른 가치 갈등 때문에 발생한 것이 아니라 만나는 사람이 누구냐에 따라 발생한다고 했습니다. 그러니까 아쉽게도 진기의 말은 맞지 않습니다.

사회 변화에 따라 전통적인 규범이 해체됐다는 아노미 이론을 이야기한 사람은 조커가 아니라 하비입니다. 따라서 민석의 설명도 틀렸습니다.

비행 자체보다 그에 대한 사회적 평가를 문제삼은 사람은 조커입니다. 그러므로 하비라고 말한 성묵도 틀렸죠. 배트맨도 무기를 꺼내고 조커도 무기를 꺼냈는데, 배트맨이 할 때는 문제없던 것이 조커가 할 때는 문제가 되었죠. 결국 일탈은 주관적으로 정의된 것이라는 말입니다. 일탈행위를 결정하는 객관적인 기준이 존재하는 것이 아니라, 사회의 주관적인 평가가 일탈을 결정한다는 관점이 낙인 이론이죠. 성묵의 설명은 하비에서 조커로 바뀌어야 맞습니다.

다음으로 불량한 친구와 접촉하면서 물들어간다는 차별적 교제 이론은 배트맨이 한 말이죠. 그러니까 조커는 빼야 합니다. 대훈의 설명 역시 맞지 않습니다.

유민은 배트맨과 하비는 비행을 규정하는 사회적 규범이 존재한다고 본다 했습니다. 기본적으로 일탈행위는 나쁘다는 것이 배트맨과 하비의 관점입니다. 곧 일탈행위를 규정하는 객관적이고 절대적인 규범이 있다고 보는 겁니다. 총을 꺼내는 행위를 예로 들면, "총을 꺼내는 건 나쁜 짓이야!"라고 하는 게 배트맨과 하비입니다. 반면 조커는 "배트맨이 총을 꺼낸 건 나쁜 짓이 아닌데, 왜 내가 꺼내니까 나쁜 짓이래?"라고 말하는 겁니다. 조커는 기본적으로 일탈행위를 규정하는 사회적 규범이 존재하지 않는다고 보는 거죠. 그래서 유민의 말이 맞는 설명이 됩니다.

Tip **미시적 관점과 거시적 관점**

사전적 의미

미시적	1. 사람의 감각으로 직접 식별할 수 없을 만큼 몹시 작은 현상에 관한. 2. 사물이나 현상을 전체적인 면에서가 아니라 개별적으로 포착하여 분석하는.
거시적	1. 사람의 감각으로 식별할 수 있을 정도의. 2. 사물이나 현상을 전체적으로 분석, 파악하는.

사회현상을 바라보는 미시적 관점과 거시적 관점

	미시적 관점	거시적 관점
사회현상의 원인	개인의 의지	사회구조 및 집단
한계점	사회구조 전반에 대한 반성이 불가능	개인을 지나치게 수동적인 존재로 인식
사회문제 해결 방법	개인들의 자각과 반성	사회구조의 변화

〈슈렉〉으로 본
기능론과 갈등론

★

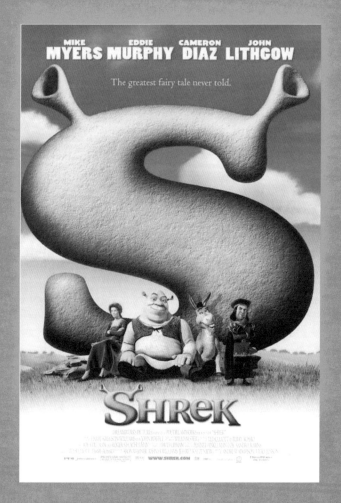

슈렉SHREK(2001)
감독: 앤드루 애덤슨, 비키 젠슨
목소리 출연: 마이크 마이어스, 에디 머피, 캐머런 디아스, 존 리스고

성 밖 늪지대에 사는 엄청나게 크고 못생긴 괴물 슈렉. 항상 자기관리에 철저한 슈렉은 바쁜 틈에도 취미생활을 즐기는 화려한 싱글이다. 그러던 어느 날, 슈렉만의 고요한 안식처에 동화 속 주인공들이 쳐들어오는데……

슈렉: 이럴 수가…… 안 돼! 우리집에서 다들 무슨 짓이야?! 어서 나가, 다들! 나가, 나가라고! 거긴 안 돼. 들어가지 마!

동키: 동화 속 친구들이야. 진정하고 이야기 좀 들어봐, 슈렉.

피노키오: 우리도 어쩔 수 없었어요. 추방당했다고요.

슈렉: 뭐라고?

피노키오: 성 밖으로 쫓겨났다고요.

슈렉: 누구한테?

돼지: 파콰드 영주요! 평화롭게 살던 우리를 영주가 마음대로 쫓아버렸어요. 사회 구성원의 합의에 따른 것이라면서요.

슈렉: 그렇지만 그 합의는 일부 기득권층만으로 이루어진 거잖아. 난 그런 합의를 한 적이 없다고. 이건 말도 안 돼! 자, 모두 주목해봐! 우리가 원하는 것을 파콰드도 원하기 때문에 이런 일이 생긴 거야. 사회는 제로섬게임이라고! 결국 우리가 원하는 것을 얻기 위해서는 갈등이 생길 수밖에 없어. 사회 발전에는 갈등이 필수적이거든. 지금 정해진 사회제도는 기득권층만을 위한 것이야. 당장 파콰드와 담판을 지어서 내 늪도

되찾고 너희들의 집도 되찾아줄게!

그렇게 해서 슈렉은 파콰드 영주의 성을 찾아간다.

동키: 저기야, 파콰드가 사는 성. 어마어마하게 크네.

슈렉: 성이 커봤자지. 주눅들 필요 없어.

파콰드: 우리 사회는 살아 있는 유기체와 같습니다. 사회의 각 요소
        가 정해진 고유의 기능을 하기 때문에, 각자의 역할만 제대
        로 수행하면 우리 사회는 엄청난 발전을 이룩할 수 있는 거
        죠! 우리 도시의 구성원들은 상호의존하며 질서를 유지하고
        서로 조화를 추구하고 있습니다. 이것은 모두가 합의한 사회
        제도가 있기에 가능했습니다. 앞으로도 지금의 사회제도를
        잘 유지해서 건강한 사회를 만들겠습니다. 질서와 안정이여,
        영원하라! 아니, 성 밖 늪지대에 사는 초록 괴물이 여기엔 무
        슨 일로? 빨리 네가 있어야 할 자리로 영원히 돌아가!

슈렉: 당신이 추방한 동화 속 주인공들이 내 늪지대를 차지했어. 왜
        그들을 내쫓은 거지? 당장 추방을 취소해!

파콰드: 너의 늪지?

슈렉: 그래, 나의 늪지를 되찾으러 왔어. 나는 일부 사회 구성원들
        끼리 합의한 일방적인 제도를 받아들일 수 없어!

파콰드: 그래? 그렇다면 너에게 한 가지 제안을 하지. 나와 계약을 맺
        고 너에게 주어진 임무를 다하면 네 늪을 되돌려주마.

슈렉: 좋아. 분명히 약속한 거다?

파콰드: 그럼, 나는 합의한 것은 꼭 지키는 사람이야! 사회의 안정과
유지를 위해서.

슈렉: 그래, 계약 조건은?

파콰드: 저 멀리 용의 성에 갇혀 있는 피오나 공주를 구해오도록 해.

슈렉: 그래, 까짓것 알았어.

파콰드와 계약을 맺은 슈렉은 다시 성을 나온다.

동키: 이것 봐, 갈등 없이도 문제 해결이 가능하지? '합의'를 통해서
말이야. 이제 슈렉 너도 사회를 좀 더 긍정적으로 바라보게

되겠군. 파콰드와 합의해서 서로 계약을 맺었으니 말이야.

슈렉: 아까 못 봤어? 군인들이 날 화살로 위협하는 거 못 봤냐고. 이건 강제 계약이야. 내 늪지를 되찾으려면 파콰드 혼자 정한 계약에 난 따를 수밖에 없어.

동키: 그래도 큰 싸움은 일어나지 않았잖아? 우리 모두 다친 곳도 없고 늪지를 찾을 방법도 알아냈으니 된 거지. 넌 매사를 너무 부정적으로 생각하는 경향이 있어.

슈렉: 넌 하나만 알고 둘은 모르는군. 이것 봐, 사회는 양파야.

동키: 사회가 맵다고?

슈렉: 응. 아, 아니?!

동키: 사회가 맵다고?

슈렉: 아니!

동키: 그래, 뭐 사회생활이 녹록지 않긴 하지.

슈렉: 아니라고! 사회는 겉과 속이 완전히 다르다고! 겉으론 말짱해 보이지만 그 속은 기득권층이 숨겨놓은 왜곡된 사실들로 가득하다는 거지!

동키: 아이고, 저 시비쟁이.

이렇게 둘은 파콰드와 맺은 '계약'을 지키기 위해 긴 여정에 오르는데…… 과연 슈렉과 동키는 용의 성에 갇힌 피오나 공주를 무사히 구하고 늪지를 되찾을 수 있을까?

end

갈등론

평화로웠던 슈렉의 늪지에 동화 속 친구들이 몰려왔습니다. 원래 살고 있던 성에서 쫓겨났기 때문이죠. 이 모든 문제의 원인은 바로 슈렉이 사는 늪지대가 한정되어 있다는 겁니다. 늪지대라는 한정된 자원을 슈렉이 모두 차지하고 있었는데, 어느 날 갑자기 파콰드 영주가 동화 속 친구들을 성에서 내쫓는 바람에 다툼이 생길 수밖에 없었던 거죠.

갈등론의 기본적인 요점은 한정된 자원을 둘러싼 싸움, 즉 제로섬게임입니다. 한정된 자원을 둘러싼 두 집단의 대립과 갈등은 필연적일 수밖에 없다는 겁니다. 그리고 대립과 갈등에서 승리한 집난은 패배한 집단을 영구적으로 지배하기 위해서 법과 제도와 무력을 사용하게 됩니다. 나아가 그것들을 통해서 지배를 영속화하려고 합니다. 따라서 사회규범 등은 모든 사람의 합의가 아니라 일부 특정 집단, 즉 지배층만의 합의에 의해 만들어집니다.

갈등론은 사회제도를 바라볼 때 기본적으로 그 제도의 역기능에 주목합니다. 빙산을 떠올리면 쉽습니다. 빙산은 눈에 보이는 부분은 얼마 안 되지만, 그보다 수십 배 큰 덩어리가 물속에 숨어 있습니다. 진짜 중요한 건 빙산 밑에 있는 거죠. 마찬가지로 겉으로 드러난 사회현상보다 그 현상의 배후에 숨어 있는 커다란 사회구조에 주목하는 것이 더 중요하다는 입장입니다. 나아가 이 구조는 지배층끼리 만들었기 때문에 은폐되어 있고, 또 왜곡되고 정의롭지 못하기 때문에

제로섬게임

게임 결과, 승자가 얻는 이익과 패자가 잃는 손실의 총합이 0이 되는 게임을 말합니다. 전형적인 승자독식 게임으로 치열한 대립과 경쟁이 동반됩니다. 대표적으로 포커나 경마 같은 도박이 있으며, 선물거래나 옵션거래 같은 주식거래도 제로섬게임이라고 할 수 있습니다.

우리가 엎어버려야 한다는 것이 갈등론의 핵심입니다.

우리가 원하는 것을 파콰드도 원하기 때문에
이런 일이 생긴 거야. 사회는 제로섬게임이라고!
결국 우리가 원하는 것을 얻기 위해서는 갈등이
생길 수밖에 없어. 사회 발전에는 갈등이 필수적이거든.

슈렉
Says

갈등론적 입장

- 사회 구성원들의 이해관계는 계층과 계급에 따라 필연적으로 대립할 수밖에 없음.
- 대립과 갈등이 사회의 역동성과 변동성을 보장하며 사회 발전을 가능하게 한다고 봄.
- 사회 내에서 이루어지는 협동과 조화를 경시하고 사회 존속과 통합을 소홀히 할 수 있음.

기능론

파콰드의 연설은 어떻습니까? 파콰드는 자신의 성을 하나의 사회로 바라봅니다. 나아가 그 사회를 살아 있는 생명체 또는 유기체처럼 여긴다는 점이 파콰드가 한 연설의 핵심입니다. 곧 성을 생명체로, 그 성에 사는 구성원 개개인을 마치 세포처럼 생각하는 거죠. 그리고 이것이 바로 기능론의 핵심입니다. 기능론은 사회를 유기체로 바라보는 데서 시작합니다.

이를테면 동키는 혼자 있을 때가 아니라 이 성 안에 있을 때 중요해집니다. 성이라는 사회 안에 들어오는 순간 동키는 지위를 부여받습니다. 수레를 끄는 당나귀라는 지위를 얻게 되겠죠. 그리고 동키가 제 역할에 충실할 때 성은 조화와 안정을 이루면서 발전해나갈 수 있습니다. 조화와 안정 그리고 발전을 중시하는 개념이 바로 기능론이고, 기능론에서는 각자가 부여받은 지위에 걸맞은 역할을 할 때 그 사회가 발전한다고 주장합니다.

따라서 갈등론이 제로섬게임의 관점에서 사회를 바라본다면, 기능론은 윈윈(Win-Win)게임의 관점에서 사회를 바라본다고 할 수 있습니다. 동키는 당나귀로서의 역할에 충실하고, 성주는 지혜를 발휘하는 지도자 역할에 충실하고, 농노는 열심히 농사일을 해야만 그 사회는 발전할 수 있으며, 성을 지탱하는 사회구조는 모든 구성원이 합의해서 만든 것이기 때문에 지키고 유지해나가야 한다는 보수주의적 성격을 띠기도 합니다. 반면 갈등론은 지배 계급끼리 도달한 합의를 뒤집어엎어야 한다고 생각하므로 진보적이라고 정리할 수 있습니다.

그렇다보니 이 두 편이 대화를 나눌 때가 재미있습니다. 갈등론자는 기능론자더러 항상 이렇게 말합니다. "이 순진한 것들!" 왜 순진하다고 할까요? 갈등론자 입장에서 기능론자들은 겉으로 드러난 빙산의 일각만 볼 뿐 안에 숨어 있는 거대하고 왜곡된 진짜 사회구조를 못 보고 있다는 겁니다.

반면에 기능론자는 갈등론자들에게 항상 부정적이라고 비난합니다. 다 같이 파이를 키워서 나눠 먹으면 서로 윈윈하게 될 텐데 왜 모든 걸 제로섬으로만 바라보느냐는 거죠. 그래서 기능론자는 갈등론자들이 너무 비판적이고 비관적이라고 생각합니다.

우리 사회는 살아 있는 유기체와 같습니다.
사회의 각 요소가 정해진 고유의 기능을 하기 때문에,
각자의 역할만 제대로 수행하면 우리 사회는
엄청난 발전을 이룩할 수 있는 거죠!

파콰드
Says

기능론적 입장

- 사회 구성 요소들은 사회 전체의 유지와 통합에 기여함(사회유기체설).
- 각 요소들이 수행할 기능과 방식은 사회 구성원 사이에서 합의된 것이며, 이러한 합의가 지켜질 때 사회 발전이 가능.
- 급격한 사회 변화를 설명하기 어렵다는 약점이 있음.

I.

> **휴먼 뉴스**
> 파콰드국 빈부 격차 날로 심화, 지니계수 계속 높아져

슈렉: 기득권층이 정부 정책에 관여해서 자신들에게 이득이 되는 쪽으로 끌고 가기 때문이야.

파콰드: 아니야! 열심히 노력한 사람들과 그러지 않은 사람들의 몫이 반영된 당연한 결과가 아닐까?

1. 슈렉은 _____의 입장에서 말하고 있다.
2. 파콰드는 _____의 입장에서 말하고 있다.

정답: 1. 갈등론 2. 기능론

II. 사회 불평등 현상을 바라보는 슈렉과 파콰드의 관점에 대한 설명으로 맞는 것은 무엇일까요?

> **진기:** 슈렉은 사회 기여 정도에 따라 희소가치가 분배된다고 본다.
> **민석:** 파콰드는 사회 불평등 구조가 궁극적으로 양극화된다고 본다.
> **성묵:** 슈렉은 파콰드와 달리 사회 불평등의 원인이 사회구조보다는 개인에게 있다고 본다.
> **대훈:** 슈렉은 사회 불평등을 보편적인 현상이라고 보고, 파콰드는 극복해야 할 대상이라고 본다.
> **유민:** 슈렉은 사회 불평등 현상이 상대적 박탈감을 유발한다고 보고, 파콰드는 성취동기를 자극한다고 본다.

슈렉이 '정부 정책'을 언급했습니다. 정부 정책이라는 말만 봐도 갈등론임을 알 수 있지만, 중요한 점은 이 정부 정책을 누가 만들었느냐는 것입니다. 모든 사회 구성원이 합의를 했다면 기능론이겠지만, 슈렉은 기득권층이 만든 것이라고 하죠? 그러니까 정부 정책은 기득권층이라는 소수 집단의 합의에 따라 이루어진다는 것입니다. 이러한 경우 정부 정책은 쉬이 은폐되고 왜곡되며 정의롭지 못한 사회구조를 낳는다는, 앞서 살펴본 전형적인 갈등론적 관점이라고 할 수 있습니다.

반면 파콰드는 빈부 격차가 심해지면서 사회 불평등이 발생하고 계층화 현상이 생기지만, 그것은 개인의 능력과 노력에 따른 결과와 보상이기에 당연하다고 보고 있습니다. 열심히 일한 사람이 더 많은 보상을 받고, 그러지 못한 사람이 적은 보상을 받는 것은 당연하며, 불평등이 있어야 오히려 사회가 발전할 수 있다는 전형적인 기능론적 관점이 되겠습니다.

이 점을 염두에 두고 두번째 문제를 보면, 사회에 기여한 정도에 따라 희소가치가 분배된다는 말은 열심히 노력한 사람이 더 많이 가져가고 그러지 않은 사람은 조금 가져간다는 뜻이 됩니다. 즉 기능론의 입장이죠. 갈등론의 입장이라면 "사회 기여 정도와는 상관없이 좋은 집에서 태어나면 무조건 잘살게 되고, 가난한 집에서 태어나면 무조건 못살게 되지"라고 할 겁니다. 그렇다면 갈등론은 사회 기여 정도와는 관계없이 희소가치가 분배된다고 보는 것이며, 기여 정도에 따라 희소가치가 분배된다는 입장은 기능론입니다. 따라서 진기는 슈렉이 아니라 파콰드의 관점을 이야기하는 겁니다.

민석은 불평등 구조가 양극화된다고 말했으므로, 결국 불평등 구조는 나쁘고 사라져야 된다고 보는 거죠. 따라서 민석의 설명은 파콰드가 아니라 슈렉의 갈등론을 가리키는 것입니다.

"불평등은 열심히 노력하지 않아서 생기는 거야"라고 하면 기능론, "사회구조 때문이야"라고 하면 갈등론이 되는 겁니다. 단순하게 말하면 "저 사람이 가난한 이유는 게을러서야"는 기능론이고, "아니야. 어떤 사회든 가난한 사람이 생길 수밖에 없는 것은 잘못된 사회구조 때문이야"라는 건 갈등론입니다. 그러니까 성묵의 말은 슈렉의 관점이 아니라 파콰드의 기능론 관점이죠.

사회 불평등이 보편적인 현상이라면 언제 어디서나 계속 존재할 수밖에 없겠죠. 그런데 사회 불평등을 극복해야 될 대상으로 보는 것은 결국 나쁘다고 보는 것이니까 갈등론적 관점이 됩니다. 사회 불평등을 보편적 현상으로 보는 건 당연히 기능론적 관점입니다. 그러니까 대훈의 설명에서는 슈렉과 파콰드가 바뀐 걸 알 수 있죠.

유민의 말은 맞습니다. 갈등론은 제도의 역기능에 주목합니다. 불평등 현상이 상대적 박탈감을 유발한다는 건 역기능이니 갈등론, 즉 슈렉의 입장을 나타냅니다. 반대로 불평등이 성취동기를 자극한다는 건 순기능이죠. 그러니까 기능론, 곧 파콰드의 입장을 대변하는 겁니다.

Ⅲ. 다음 사회 문화 현상을 이해하는 일관된 관점을 지닌 사람은?

	진기	민석	성묵	대훈	유민
1. 사회는 특정 집단의 합의에 따라 이루어진다.	×	○	×	×	○
2. 권력은 사회적 필요에 따라 정당하게 배분된다.	○	×	×	×	○
3. 힘을 가진 세력이 일방적으로 대중을 규제한다.	×	○	○	○	×
4. 현상의 본질은 구성원의 해석에 따라 달라진다.	×	×	○	○	○
5. 사회의 지배적 규범을 습득하는 것은 사회 존속에 필수적이다.	○	○	×	×	×

해설

1번에서는 사회가 전체가 아닌 특정 집단만의 합의에 따라 이루어진다고 했습니다. 그러니까 ○를 선택한 사람은 갈등론자가 되고, ×를 선택한 사람은 기능론자가 되겠습니다. 곧 진기, 성묵, 대훈은 기능론자이고, 민석, 유민은 갈등론자입니다.

2번에서는 권력이 정당하게 배분된다고 합니다. 좋은 일이죠? 사회의 순기능에 주목하고 있습니다. 따라서 권력은 누구든지 받아들여야 되며 지배층의 권력 행사에 수긍해야 합니다. 정당하니까요. 기능론을 설명하는 말이므로 진기와 민석의 입장은 맞았습니다. 성묵과 대훈은 1번에서는 기능론, 2번에서는 갈등론의 손을 들었으니 일관되지 못하죠. 유민은 1, 2번을 모두 맞다고 했으니까 역시 일관되지 못합니다.

3번에서 힘있는 세력이 일방적으로 대중을 규제한다는 건 지배층이 마음대로 한다는 뜻이므로 갈등론적 입장입니다. 진기와 민석은 여전히 일관되게 답하고 있습니다.

4번에서 현상의 본질이 구성원의 해석에 따라 달라진다는 건 무슨 의미일까요? 바로 '상징적 상호작용론'입니다. 예를 들어 우리나라에서 엄지를 추켜세우면 어떤 의미입니까? '잘했어, 최고야' 이런 의미죠. 그런데 그 동작이 스페인 일부 지방에서는 욕이 됩니다. 같은 행동을 우리는 칭찬으로, 그들은 욕으로 해석하는 겁니다. 상호작용이 다르죠. 따라서 4번은 기능론이나 갈등론을 설명하는 것이 아니니까 전부 ×를 선택할 수 있습니다. 진기와 민석 역시 ×를 선택했습니다.

5번에서는 사회의 지배적 규범을 습득하는 것이 사회 존속에 필수적이라고 합니다. 지배적 규범을 받아들여야 사회가 유지된다는 거죠. 지배적 규범의 순기능에 주목하고 있습니다. 그러니까 기능론은 ○, 갈등론은 ×를 선택해야 합니다. 그런데 갈등론을 유지하던 민석이 ○를 선택했네요. 따라서 일관된 관점으로 다섯 가지 질문에 모두 답한 사람은 진기가 되겠습니다.

〈해리 포터〉로 본
계급론과 계층론

★

해리 포터와 불의 잔 Harry Potter And The Goblet Of Fire(2005)

감독: 마이크 뉴웰

출연: 대니얼 래드클리프, 에마 왓슨, 루퍼트 그린트, 케이티 렁, 프레드렉 베랙, 레이프 파인스, 프란세스 드 라 투어

볼드모트: 되는대로 본능을 깨워놓아라, 벨라트릭스. 반드시 해리 포
터를 계급론자로 만든다. 하지만 한 가지 장애가 남아 있지.
나는 포터 앞에 나타날 수 없다. 아직 나의 힘이 완전하지 않
기 때문이야. 이런 날 대신해서 누군가가 해리 포터를 계급
론자로 만들어야 한다. 너희가 스스로 해도 되고, 누군가를
시켜도 된다. 누가 그런 영예를 얻게 될까. 자넨 어떤가, 루시
우스?

루시우스: 주인님?

볼드모트: 주인님이라고? 집의 요정을 시켜서 해리 포터를 설득해보
게. 할 수 있겠는가?

루시우스: 네, 주인님.

볼드모트: 어떻게 할 텐가?

루시우스: 집의 요정과 제가 포터를 설득해보겠습니다.

볼드모트: 좋다.

(해리 포터의 집)

도비: 해리 포터, 만나게 되어 영광입니다.

해리 포터: 누구야?

도비: 도비입니다. 집의 요정 도비!

해리 포터: 무례하게 굴려는 건 아니지만 지금은 집의 요정이 내 방에

있어서는 안 돼.

도비:		아, 도비는 이해해요. 하지만 도비는 얘길 해야만 하거든요. 어렵네요. 도비는 그게…… 어디서부터 말을 시작해야 할지……

해리 포터:	우선 앉아.

도비:		앉아? 아, 앉으라고요? (도비, 운다.)

해리 포터:	도비, 조용, 미안해. 기분 상하게 하려던 건 아니야.

도비:		저는 기분이 상한 게 아니에요. 조금 놀라서 그래요. 그동안 저는 어떤 마법사에게도 앉으라는 말을 들어보지 못했어요. 그들은 모두 자본가 계급이었거든요.

해리 포터:	그건 네가 단순히 생산수단만을 기준으로 개인과 집단의 서열을 나누었기 때문이야.

도비:		생산수단만이 서열을 나누는 가장 명확한 기준이 될 수 있어요. 해리 포터, 당신은 내 말을 믿어야 해요. 믿어야 한다고요. (도비가 장롱에 머리를 박는다.)

해리 포터:	그만, 도비.

도비:		계급론을 믿어야 해요, 포터.

해리 포터:	도비, 제발 그만해. 그만, 그만해. 괜찮아?

도비:		도비는 스스로에게 벌을 줘야만 해요. 도비는 자본가 계급을 나쁘게 말했으니까요.

해리 포터:	자본가 계급?

도비:		도비가 모시는 마법사 가족이죠. 도비는 한 가족만을 평생 충성으로 모실 것을 맹세했어요. 그 가족은 도비가 여기 온

줄 까맣게 모른답니다. 하지만 도비는 와야만 했어요. 도비
는 해리 포터에게 계급론에 대해 알려줘야 하거든요. 해리
포터, 세상은 두 가지 계급으로 나뉘어 있어요. 지배 계급과
피지배 계급으로요. 생산수단의 소유 여부에 따라 계급이
나뉘어요.

해리 포터: 그래, 알고 있어. 그럼 너는 누구 밑에서 일하는데?

도비: 말할 수 없어요.

해리 포터: 알았어. 하지만 난 너와 달리 계층론이 옳다고 생각해.

(도비가 스탠드로 머리를 친다.)

해리 포터: 도비, 램프 이리 줘. 도비, 그만해. (도비를 옷장에 집어넣는다.) 여기 들어가 조용히 있어. 내가 왜 계층론을 주장하는지 알아? 계층론은 경제, 사회, 정치, 이 세 가지를 서열을 나누는 기준으로 삼아. 생산수단 하나만을 기준으로 삼는 계급론은 지금처럼 다원화된 현대사회를 설명하기 어렵거든. 요즘에는 나와 같은 생각을 하는 친구들이 많아졌어.

도비: 친구요? 편지도 쓰지 않는 친구요?

해리 포터: 그건 아마도…… 그애들이…… 아니, 네가 어떻게 내 친구들이 편지 안 쓴 걸 알아?

도비: 해리 포터, 아미 도비한테 화를 낼 거예요. 도비는 해리 포터가 친구들이 자기를 잊어버렸다고 생각하면 도비가 주장하는 계급론을 이해하게 될 거라 생각했어요.

해리 포터: 그거 이리 줘, 당장.

도비: 싫어요.

(도비는 도망가고 해리 포터는 쫓아간다. 도비는 주방으로 간다. 주방에는 케이크가 있다.)

해리 포터: 도비, 어서 이리 와.

(도비가 마법으로 케이크를 공중에 들어올린다.)

해리 포터: 도비, 제발 안 돼.

도비: 해리 포터, 계급론이 옳다고 말해야만 해요.

해리 포터: 그럴 수 없어. 나는 계층론이 옳다고 생각해.

도비: 그럼 도비는 해야 한답니다. 해리 포터를 위해서.

해리가 좀처럼 계급론으로 넘어오지 않자, 도비는 해리를 집요하게 따라다니며 괴롭히는데……

(병원에 입원한 해리 포터에게 도비가 찾아온다.)

도비: 안녕하세요?

해리 포터: 도비.

도비: 해리 포터는 도비 말을 들어야만 해요. 해리 포터는 계급론을 인정해야만 해요.

해리 포터: 너구나! 하지만 나는 계급론이 아니라 계층론이 더 옳다고 생각한다고!

도비: 맞아요, 그랬어요.

해리 포터: 나와 내 친구들은 막스 베버의 계층론을 인정해.

도비: 계층론자들과는 멀어져야 해요. 해리 포터는 계급론을 믿어야 해요. 도비는 아직도 계층론자들을 이해할 수 없어요.

해리 포터: 계급론은 갈등을 너무 당연시하잖아. 계층론은 사회를 더 다양한 시각으로 바라본다고.

도비: 자본가 계급과 노동자 계급 사이에는 갈등이 발생하는 게 당연해요. 왜냐하면 지배층이 피지배층을 효과적으로 지배하기 위해 계급을 나눠놓은 거니까요.

해리 포터: 계층화 현상에 대한 네 생각을 좀 더 이야기해봐.

도비: 자본주의 사회는 오직 경제적인 요소에 따라 계급이 나뉘어요. 그리고 자본가 계급과 노동자 계급은 항상 필연적으로 대립할 수밖에 없어요. 그래서 지배와 피지배 관계에 따른

갈등과 대립은 당연한 거랍니다. 계급론 안에서 사람들은 계층 의식이 뚜렷해요. 바로 저처럼요. 들어보세요. 계급론에서 사회계층은 자본가와 노동자를 제외한 중간 계급이 없기 때문에 불연속적으로 구분될 수밖에 없어요. 하지만 계층론에서는 중간층이 다양해서 연속적으로 구분이 되죠. 왜냐하면 계층을 나누는 기준이 세 가지나 있어서 애매한 중간 계층이 생기기 때문이에요.

해리 포터: 그렇지만 계급론은 계층화 현상을 지배 집단이 피지배 집단을 지배하려는 도구라고 생각하잖아. 계층화 현상은 사회 구성원들이 합의한 가치가 반영된 것인데 말이지.

도비: 듣고 보니 계층론도 괜찮은 것 같네요. (도비가 물병으로 자기 머리를 친다.) 나쁜 도비! 나쁜 도비!

해리 포터: 그만해, 도비. 말해봐, 도비. 너도 계층론이 더 옳은 것 같지? 경제적인 기준 외에도 다양한 기준이 필요한 게 맞잖아?

도비: 도비는 인정할 수 없어요. 도비는 아직 계급론이 더 옳다고 생각해요.

해리 포터: 아니야 도비, 천천히 더 생각해보자.

(도비가 마법을 부려 사라진다.)

해리 포터: 저기요, 말포이 씨, 이 책을 보세요.

말포이: 이건 뭐냐? 무슨 책인지 잘 모르겠다.

해리 포터: 아실 거라고 생각하는데요. 지위 불일치 현상도 설명할 수 있는 막스 베버의 계층론에 관한 책이에요.

말포이: 아, 그래? 나는 이미 계급론자라고 말했을 텐데! 이리 와, 도비! (도비에게 책을 던진다.)

해리 포터: 책을 펼쳐봐.

말포이: 도비!

도비: 도비는 이제 계층론을 인정하기로 했어요.

말포이: 뭐라고? 계급론이 옳다니까!

도비: 저는 더이상 당신에게 지배당하고 싶지 않아요. 도비는 자유 예요.

말포이: 넌 내 노동자야! (칼을 뽑는다.)

도비: 계층론자인 해리 포터를 해칠 수 없어요. (마법으로 말포이를 멀리 밀어낸다.)

말포이: 네 부모도 항상 나에게 계급론을 주장하던 멍청이들이었 지. 내 말 잘 새겨둬, 포터! 계급론을 주장하는 것을 후회하 는 날이 올 거야.

도비: 해리 포터가 저에게 계층론에 대해서 알려줬어요. 어떻게 감 사해야 하죠?

해리 포터: 하나만 약속해.

도비: 무엇이든지요.

해리 포터: 다시는 계급론자로 돌아가지 마.

end

계급론

볼드모트와 말포이는 계급론적 입장을 대표하고 있습니다. 계급론의 가장 대표적인 학자로는 카를 마르크스를 꼽을 수 있습니다. 반면에 해리 포터와 그의 친구들, 특히 도비는 계층론적 입장을 취하고 있습니다. 그리고 계층론을 대표하는 학자가 막스 베버입니다.

마르크스의 주장은 아주 간단합니다. 제가 왜 강의를 하고 책을 쓰고 있을까요? 사회적 위신 때문에? 아니죠. 먹고살려고 하는 겁니다. 마르크스에게 가장 중요한 건 돈입니다. 돈을 다르게 표현하면 물질이죠. 마르크스에게 물질이란 무엇보다 자본입니다. 자본이라는 건 더 많은 돈을 벌기 위해서 생산수단을 가지려고 하죠. 그래서 기계나 토지를 삽니다. 이런 생산수단을 소유한 소수와 소유하지 못한 다수가 대립하고 투쟁하는 게 인류의 역사라고 마르크스는 생각합니다. 따라서 마르크스에게 중요한 건 돈 하나뿐입니다. 그 때문에 사회 계층을 나누는 기준이 일원론적이라고 합니다. 자본이 있으면 자본가, 없으면 노동자입니다. 생산수단이 있나 없나로 나누는 겁니다. 기준이 명확하고 객관적입니다.

마르크스의 이러한 기본적인 관점에서 자본가와 노동자의 대립과 갈등은 필연적입니다. 그런데 마르크스는 이 대립과 갈등

카를 마르크스

Karl Marx,
1818~1883, 독일

—

독일의 경제학자이자 정치학자인 마르크스는 헤겔의 영향을 받아 무신론적 급진 자유주의자가 되었습니다. 1847년 공산주의자동맹에 가입하고, 엥겔스와 공동으로 공산주의자동맹의 강령인 『공산당 선언』을 집필해 발표했습니다. 특히 1867년 출판한 『자본론』으로 널리 알려졌습니다. 『자본론』은 처음 4권으로 기획되어 그중 1권은 출판했지만, 2권과 3권은 마르크스가 죽은 후 친구인 엥겔스가 1885년, 1894년에 각각 출판했습니다. 4권은 1905년부터 1910년 사이에 '잉여가치 학설사'라는 이름으로 출판되었습니다. 러시아의 혁명을 주도한 레닌이 마르크스의 이론을 기반으로 삼았습니다.

이 꼭 나쁘다고만 하지 않습니다. 오히려 이것들이 역사를 발전시키는 원동력이 될 수 있다고 봅니다.

마르크스의 '자본론'이 어렵게 느껴질 수 있는데, 원리는 이처럼 간단합니다. 마르크스가 사회계층을 구분하는 기준은 경제라는 단일 변수뿐입니다. 이 하나의 기준으로 명확하고 객관적으로 자본가와 노동자를 나눕니다. 이를 마르크스는 계급이라 표현했고, 이 두 계급의 대립과 갈등은 필연적이라고 했습니다. 동시에 계급투쟁이 역사 발전의 원동력이며, 그에 따라 각 사회를 구분해야 된다고 본 겁니다.

> 자본가 계급과 노동자 계급은
> 항상 필연적으로 대립할 수밖에 없어!
>
> 볼드모트
> Says

계급론

- 생산수단의 소유 여부에 따라 계급이 나뉨.
- 지배와 피지배 관계에 따른 갈등과 대립은 불가피함.
- 계층 의식이 뚜렷함.
- 사회계층을 불연속적으로 구분.
- 사회 계층화 현상을 지배층이 피지배층을 지배하기 위한 도구로 생각.

계층론

반면 베버가 주목한 것은 '중산층'입니다. 전 피겨스케이팅 국가대표 김

막스 베버

Max Weber,
1864~1920, 독일

독일의 법률가이자
정치가, 사회학자로
사회학의 성립에 막
대한 영향을 끼쳤습
니다. 제1차세계대
전 이후 베르사유 조약 당시 독일 측 협상단
의 일원이었으며, 바이마르 헌법의 초안을 작
성하는 위원회에서도 활동했습니다. 베버는
마르크스주의와 논쟁한 인물로 유명합니다.

연아 선수는 자본가입니까, 노동자입니까?
생산수단이 없으니 노동자죠. 그런데 김연
아가 연기하는 걸 보면서 노동자 같다고 생
각하지는 않습니다. 이렇게 예를 들면 노동
자는 굉장히 좋은 계급이죠. 그런데 막스
베버의 생각은 다릅니다. 세상일을 어떻게
경제라는 단일 변수로만 볼 수 있느냐는
거죠.

경제 이외에도 변수는 있습니다. 먼저 정
치권력이 있습니다. 아주 중요한 문제죠. 또한 교황님을 떠올려봅시다. 교
황님이 생산수단이 있습니까? 그럼 교황님은 노동자입니까? 아무도 그렇
게 생각하지 않습니다. 교황님은 생산수단이 없어도 권위가 있죠. 이걸 독
일어로 '카리스마'라고 하고 우리말로는 '사회적 권위'라고 번역합니다. 베버
는 이 세 가지를 함께 살펴봐야 한다고 주장합니다. 단순하게 표현하면 오
바마 대통령은 자본가는 아니지만 정치적 권력이 대단하고, 빌 게이츠는
정치적 권력은 없지만 경제적 부가 막대하고, 교황님은 그 두 가지보다 사
회적 권위가 높습니다. 이렇게 사람들을 다양하게 바라보자는 게 베버의
주장입니다.

예를 들면 몰락한 귀족은 경제적 지위는 낮지만 사회적 권위는 여전히
높을 수 있죠. 이런 것을 '지위 불일치 현상'이라고 합니다. 어떤 사람이 한
쪽에서는 지위가 높은데 다른 쪽에서는 지위가 낮은 걸 말합니다.

베버가 말하고 싶어한 건 20세기 사회는 19세기처럼 단순하지 않고 복
잡해졌다는 점입니다. 복잡한 사회를 설명하기 위해서는 다양한 변수를

사용해야 한다는 거죠. 일원론이 아니라 다원론입니다. 이에 따르면 사회적 권위는 대단히 높지만 경제적으로는 변변치 못한 사람을 설명할 수 있습니다. 사회는 일방적인 지배, 피지배 관계로 이루어진 것이 아니라 다양한 변수가 섞여서 조화와 균형을 이루는 관계라는 겁니다. 만약 오바마가 돈을 탐하고, 교황이 정치에 나서고, 빌 게이츠가 권위를 쌓으려고 하면 그 사회는 어떻게 되겠습니까? 혼란스러워지겠죠. 왕은 왕답고 신하는 신하답고 백성은 백성답게, 다시 말해서 사회 구성원이 자신의 지위에 맞는 역할을 수행할 때 사회가 고르게 발전해나갈 수 있는 겁니다. 이것이 계층론적 관점입니다.

베버는 마르크스를 뛰어넘어 사회 계층화 현상에 대한 계층론적 관점, 즉 갈등론적 관점보다는 기능론적 관점에서 사회를 설명하고자 했습니다. 지금은 많은 사회학자가 계급론 또는 계층론의 입장을 견지하거나 이 두 관점을 섞어서 사용하기도 합니다.

> 생산수단 하나만을 기준으로 삼는 계급론은
> 지금처럼 다원화된 현대사회를 설명하기 어려워!
>
> 해리 포터
> Says

계 층 론

- 경제, 사회, 정치의 세 가지 차원을 고려함.
- 다원화된 현대사회를 설명하기에 용이.
- 사회계층을 연속적으로 구분.
- 사회 계층화 현상에는 구성원들이 합의한 가치가 반영되어 있음.
- 지위 불일치 현상을 설명할 수 있음.

Ⅰ.

> A 이론은 생산관계에 초점을 맞춘 B 이론의 경제 결정론적 시각을 비판한다. A 이론은 경제적 요소 외에 신앙, 윤리, 가치관 등 관념적 요소가 인간의 행위와 사회의 구성, 그리고 역사에 큰 영향을 미치는 것으로 본다. 그래서 B 이론과 달리 A 이론은 경제적 차원인 계급, 사회적 차원인 신분, 정치적 차원인 파당이라는 세 가지 차원을 같이 고려하여 사회 불평등을 설명한다.

1. A 이론은 _____ 이다.
2. B 이론은 _____ 이다.

정답: 1. 계층론 2. 계급론

Ⅱ. 다음에 나타난 사회 계층화 현상을 바라보는 관점에 부합하는 진술을 하는 사람은 누구일까요?

진기: A 이론은 B 이론에 비해 지위 불일치를 설명하기 용이하다.
민석: A 이론은 B 이론에 비해 이분화된 계급 구조를 설명하기 용이하다.
성묵: B 이론은 A 이론과 달리 사회 불평등을 보편적인 현상이라고 본다.
대훈: B 이론은 A 이론과 달리 사회, 정치적 불평등은 경제적 불평등에 종속되는 것으로 본다.

해설

Ⅰ. "생산관계에 초점을 맞춘 B 이론"이라고 했으니 벌써 답이 나왔습니다. 생산관계는 경제적인 것이니까 경제에 초점을 맞춘 B 이론은 마르크스의 계급론이 되어야

합니다. A 이론은 이 세상 모든 것을 기본적으로 경제가 결정한다는 경제 결정론적 시각을 비판한다고 합니다. 따라서 A 이론은 베버의 계층론입니다. 베버의 이론은 경제 요소 외에도 인간의 의식과 같은 관념도 중요시합니다. 그래서 사회적 차원의 신분, 즉 사회적 권위와 정치적 차원, 즉 정치적 권력까지 이 세 가지를 통해서 사회 불평등을 설명했습니다.

II. 진기의 설명부터 보겠습니다. 지위 불일치를 설명하기 좋은 이론은 어떤 걸까요? 베버의 계층론입니다. 베버의 이론으로 설명하기에 특히 알맞은 예가 몰락한 귀족이나 졸부입니다. 졸부는 경제적 지위는 높지만 정치적인 권력이나 사회적 권위는 전혀 없는 사람들입니다. 이런 사람들을 마르크스의 이론으로는 설명하기 어렵습니다. 몰락한 귀족은 반대로 정치적 권력이나 사회적 권위는 있지만 경제적 지위가 낮습니다. 지위 불일치란 한 사람이 두 가지의 지위를 가질 때 한쪽은 지위가 높지만 다른 쪽 지위는 낮은 것을 가리킵니다. 그러니까 진기의 설명은 당연히 맞는 거죠.

마르크스의 계급론은 생산수단의 유무로 계급을 나눈 이론입니다. 그래서 마르크스의 이론은 이분화한 계급 구조를 설명하기 용이합니다. 계층론인 A 이론이 더 용이하다고 한 민석의 설명은 틀린 게 되겠네요.

성묵은 사회 불평등을 언급했습니다. 마르크스는 인류의 역사는 곧 계급투쟁의 역사라고 생각하는 갈등론자입니다. 그렇지만 중요한 사실은 마르크스가 유토피아주의자이기도 했다는 겁니다. 이 세상 모든 것은 평등해야 하고, 따라서 사회 불평등은 사라져야 된다고 봅니다. 사회 불평등은 지배 계급이 피지배 계급에 억지로 강요한 것이라는 거죠. 그래서 마르크스는 자본주의를 생산수단을 가진 소수의 자본가가 생산수단을 가지지 못한 다수의 노동자 계급을 착취하는 사회라고 봤습니다. 자본주의의 계급 불평등은 사라져야 마땅한 것이고요.

반면에 베버는 사회 불평등을 어쩔 수 없는 것, 불가피한 것으로 생각합니다. 모든 자원이 골고루 배분될 수는 없다는 겁니다. 다만 각자에게 어울리게 배분되어야 한다고 이야기합니다. 정치적 권력은 오바마에게, 사회적 권위는 교황에게, 경제적 부는 빌 게이츠에게 적절하게 배분되어 불평등이 이루어질 때 오히려 사회는 발전하리라고 생각하는 게 바로 베버입니다. 그러니 성묵의 설명은 맞지 않습니다.

대훈은 어떻습니까? 사회, 정치적 불평등보다 경제가 더 중요하다고 말합니다. 경제로만 사회를 설명하는 사람은 마르크스죠. 그래서 대훈의 설명은 맞습니다. 그러니까 진기와 대훈이 각 이론에 부합하는 설명을 하고 있는 겁니다.

〈찰리와 초콜릿 공장〉으로 본 문화 이해 태도

★

찰리와 초콜릿 공장 Charlie and the Chocolate Factory (2005)
감독: 팀 버튼
출연: 조니 뎁, 프레디 하이모어, 데이비드 켈리, 헬레나 보넘 카터, 노어 테일러

월리 웡커의 비밀스러운 초콜릿 공장에 특별히 초대된 다섯 명의 아이들. 아이들은 저마다 문화를 이해하는 다른 태도를 보이는데……

월리 웡커: 입장해주십시오. 들어오세요. 문 닫겠습니다. 손님 여러분, 저의 완벽한 공장을 찾아주신 것을 환영합니다. 제가 누굴까요? 저는……

인형(노래): 월리 웡커, 월리 웡커, 그는 대단한 초콜릿의 장인. 월리 웡커, 월리 웡커, 모두가 찬사를 보낸다네. 겸손하고 재치 있고 똑똑해. 넓은 아량으로 간신히 아닌 척하고 지낸다네. 그래도 표가 나는 건 어쩔 수 없다네. 어쩔 수 없어. 어쩔 수 없지. 월리 웡커, 월리 웡커, 이제 곧 그를 만나게 될 거라네. 월리 웡커, 월리 웡커, 그는 타의 추종을 불허하는 천재라네. 마법사이자 초콜릿의 명인. 최고의 남자 월리 웡커, 그가 바로 여기에!

월리 웡커: 정말 멋지지 않나요? 중간 부분이 제대로 작동하지 않을까봐 걱정했는데 무사히 끝났네요. 와우!

바이얼릿: 누구신데요?

찰리 할아버지: 월리 웡커야.

찰리: 정말요?

월리 웡커: 반짝이는 별들, 안녕. 지구가 반갑다고 인사하네요, 손

	님 여러분께. 지구 최고의 공장에 오신 것을 환영합니다. 따뜻한 악수로 맞이합니다. 저는 이 세상 최고의 공장 주인, 제 이름은 윌리 웡커입니다.
베루카:	그럼 저 위에 있어야 하는 거 아닌가요?
윌리 웡커:	저 위에 있으면 쇼를 제대로 못 보잖아. 안 그러니, 꼬마 아가씨?
찰리 할아버지:	웡커 씨, 주제넘은 말일지 모르겠지만 자문화중심주의적으로 말하시는 것 같네요.
윌리 웡커:	내가 내 문화의 우수성만 내세우며 다른 문화를 평가절하하고 결국 국수주의를 초래하며 제국주의적 인식으로 문화적 마찰을 초래한다고 말하고 싶은 거요?
찰리 할아버지:	문화에는 우열이 없으니까요.
윌리 웡커:	좋아요. 계속 그렇게 생각하는지 두고봅시다. 이제 가볼까요?
오거스터스:	우리 이름 안 물어봐요?
윌리 웡커:	그걸 굳이 알아야 하나요? 빨리들 따라오세요! 제 최고의 문화를 여러분께 보여드리죠. 이곳은 아주 중요한 방이에요. 이제 초콜릿 공장으로 들어가죠.
마이크:	그런데 문이 왜 이렇게 작아요?
윌리 웡커:	내 최고의 초콜릿 향기가 바깥으로 새어나가면 안 되잖아. 이제…… 사랑스러운 아이들아, 조심하렴. 넋이 나가지 않게. 멋있다고 너무 흥분하지 말고 침착하도록 해.

(자신의 초콜릿을 팽개치고 월리 웡커의 초콜릿에 맹목적으로 달려드는 오거스
터스.)

오거스터스 엄마: 오거스터스, 웡커의 초콜릿만이 우월한 음식이 아
　　　　　　　　니야!

월리 웡커:　　　꼬마야, 내 초콜릿에는 사람 손이 닿으면 안 돼!

(오거스터스가 초콜릿 호수에 빠진다.)

오거스터스 엄마: 저러다 가라앉겠어. 당신 초콜릿만 숭배하는 아이예
　　　　　　　　요! 우리나라 초콜릿은 입에도 안 댄다구요. 오거스터
　　　　　　　　스, 안 된다! 오거스터스! 오거스터스, 이리 나오너라!

(오거스터스가 관으로 빨려들어간다.)

오거스터스:　　도와줘요! 도와줘요!

바이얼릿:　　　간다!

오거스터스 엄마: 소방관을 불러줘요!

바이얼릿 엄마: 무슨 파이프가 저렇게 커?

찰리: 그렇게 크지는 않아요. 느려지고 있잖아요.

마이크: 이제 곧 낄 거야.

마이크 아빠: 이미 낀 것 같은데.

바이얼릿 아빠: 파이프를 완전히 막았어.

찰리: 봐요, 움파룸파들이에요.

마이크: 뭐죠?

베루카: 뭐하는 거래요?

윌리 웡커: 우리한테 노래를 불러주려나본데? 사실 득별한 경우이긴 하지. 이렇게 많고 새로운 관객은 처음이니까 말이야.

움파룸파들(노래): 오거스터스 글루프, 오거스터스 글루프, 윌리 웡커의 초콜릿을 동경하는 문화사대주의자. 오거스터스 글루프, 다른 나라 문화만을 찬양하는 문화사대주의자야. 정말 욕심 많고 지저분하고 유치하지. 남의 문화만을 좇기 바쁘고 자신의 문화는 업신여기다가 주체성을 상실한 그는 결국 이렇게 되는 거지.

(초콜릿 제품 개발실)

윌리 웡커: 잘 봐.

마이크: 이게 뭐예요?

윌리 웡커: 글쎄, 이게 뭘까?

바이얼릿:	껌이네요.
윌리 웡커:	그래. 이건 우주를 통틀어 가장 경이롭고 놀라운 껌이야. 왠지 알아? 왠지 알아? 이거 하나면 세 가지 코스의 저녁식사가 해결되거든.
베루카 아빠:	그런 걸 왜 만들었지요?
윌리 웡커:	주방 요리여, 안녕! 이 작은 웡커의 마술 껌 하나면 평생 아침, 점심, 저녁이 필요 없습니다. 이 껌은 토마토 수프와 구운 소고기, 그리고 블루베리 파이의 맛이 납니다.
찰리 할아버지:	멋진데요.
베루카:	이상해요.
바이얼릿:	이거 딱 내 거네. (껌을 씹으려 한다.)
윌리 웡커:	안 그러는 게 좋을 것 같은데. 아직 한두 가지 문제점이……
바이얼릿:	난 원래부터 껌 씹는 문화가 정말 좋았어요. 아무것도 겁나지 않아요. (껌을 씹는다.)
바이얼릿 엄마:	어때, 우리 딸?
바이얼릿:	놀라워요. 이건 정말 대단한 껌이에요!
윌리 웡커:	그래? 이제 뱉어라.
찰리 할아버지:	꼬마 아가씨, 아무래도……
바이얼릿:	계속할 거예요. 다른 과자나 사탕, 초콜릿으로는 절대 이 맛을 느낄 수 없죠.
바이얼릿 엄마:	계속 씹어라, 애야. 우리 모녀의 껌 씹는 문화는 그 어

	떤 문화보다 우월하니까요.
윌리 웡커:	그런가요. 단지 좀 걱정이 되는……
바이얼릿:	껌 씹는 문화 자체도 정말 훌륭하고 이 껌의 맛도 참 대단해요!
윌리 웡커:	이제 문제가 나타나겠군.
베루카:	쟤 코가 왜 저래요?
베루카 아빠:	파랗게 되는데?
바이얼릿 엄마:	코가 온통 보라색이 되고 있어!
바이얼릿:	그게 무슨 소리예요?
바이얼릿 엄마:	바이얼릿? 너 지금 바이얼릿색이 되고 있잖니! 이게 어떻게 된 거죠?
윌리 웡커:	아직 미완성이라고 말했을 텐데. 다른 사회의 문화는 배척하고 자신의 문화만을 인정하려 하니까 이런 일이 생기죠. 제 껌은 정말 완벽하지만 가끔 실수가 생기곤 해요. 정말 유감이군요.
바이얼릿:	엄마, 나 어떻게 된 거예요? (바이얼릿의 몸이 온통 보라색으로 변하고 부풀어오른다.)
찰리 할아버지:	부풀어오르고 있어!
찰리:	블루베리처럼요.
윌리 웡커:	움파룸파 스무 명으로 실험을 해봤는데 몽땅 블루베리가 됐지 뭐예요. 참 이상하죠.
바이얼릿 엄마:	내 딸이 블루베리가 될 순 없어요! 저래가지고 껌 씹는 대회에 어떻게 나가요?

베루카:	블루베리 처녀 선발대회 나가면 되겠네요.

윌리 웡커:	계속 가볼까요? 아직도 내 우월한 문화를 보여줄 게 많아요. 이제 애들이 몇 명 남았죠?
찰리 할아버지:	웡커 씨, 찰리만 남았습니다.
윌리 웡커:	너 하나 남았다고?
찰리:	네.
윌리 웡커:	다른 애들은 어떻게 됐는데? 오, 세상에! 그럼 네가 최종 우승자네! 축하한다! 정말로 무척 기쁘구나. 처음부터 이렇게 될 줄 알았다니까. 잘했다. 여기서 꾸물거릴 시간이 없어. 이 공장은 이제 너의 것이거든! 넌 내 문화가 가장 우월하다고 인정하면 되는 거야! 우선 엘리베이터를 타고 빨리 이동하자. 이리 와요.

하지만 찰리는 윌리 웡커를 따라가지 않는다. 자문화중심주의에 빠져 문화상대주의를 이해하지 못하는 윌리 웡커는 결국 혼자 쓸쓸히 초콜릿 공장으로 돌아가게 된다. 그러나 찰리를 잊지 못한 윌리 웡커는 다시 한번 찰리를 찾아가 공장을 물려받는 것에 대해 제안하고, 찰리는 윌리 웡커가 문화상대주의로 태도를 바꾼다는 조건하에 그의 제안을 수락한다.

찰리:	늦어서 죄송해요. 웡커 씨에게 문화상대주의를 알려주느라 늦었어요.
찰리 할아버지:	윌리의 제안을 수락했구나.

찰리 아버지:	저녁 먹고 갈 거죠? 윌리?
윌리 윙커:	네, 고마워요.
찰리 할아버지:	접시는 내가 돌리지.
찰리 할머니:	자네의 초콜릿 공장 문화는 정말 대단해. 최고라고 생각해.
윌리 윙커:	고마워요. 저도 당신 사회의 맥락에서 이해하니 가족에 대한 사랑 역시 참 중요한 가치인 것 같아요. 저도 그거 좋아해요.

`end`

문화사대주의

오거스터스의 입장을 바로 '문화사대주의'라고 할 수 있습니다. 자신의 문화는 아예 형편없고, 선진국 등 다른 문화는 훌륭하고 우수하기 때문에 무조건 따라가야 한다는 것이 문화사대주의의 기본적인 태도라고 할 수 있습니다.

문화사대주의의 입장을 취하게 되면 자기 문화의 정체성을 잃어버리기가 아주 쉽습니다. 앞서 있다고 생각되는 문화에 자기 문화가 흡수되어 소멸해버리는 거죠.

반면 장점이 있다면 어떤 것일까요? 선진국의 문물, 발전된 문화를 쉽게 수용해서 자국 문화를 업그레이드할 수 있다는 것이 장점이 될 수 있습니다. 하지만 기본적으로 문화사대주의는 올바른 태도라고 할 수 없습니다. 자기 문화를 낮추어 보고 쉽게 잃어버리는 태도를 바람직하다고 할 수 있을까요?

와~ 윌리 윙커의 초콜릿 공장은 정말 대단해!

오거스터스
Says

문 화 사 대 주 의

- 의미: 강대국 문화의 우수성을 내세워 자기 문화를 평가절하하는 태도.
- 순기능: 자기 문화의 낙후성 개선, 선진 문물의 수용에 기여.
- 역기능: 자기 문화의 정체성이나 주체성을 상실할 우려가 있음.

자문화중심주의

그럼 바이얼릿이 좋아 보이나요? 얼마나 어처구니없는 행동입니까? "껌 씹는 것만이 최고고 초콜릿을 먹는 건 어리석은 것이야"라니요. 이처럼 자기 문화밖에 모르는 태도를 우리는 '자문화중심주의'라고 합니다. 자문화중심주의는 기본적으로 다른 문화에 배타적입니다. 남을 깔보고 다른 문화에 대해서 편견을 지닐 수밖에 없죠. 그러므로 도저히 올바른 태도라고는 볼 수가 없습니다.

그렇지만 장점이 있다면 무엇일까요? 문화사대주의와는 반대로 자기 문화에 대한 정체성이 확고하다는 겁니다. 또한 자기 문화를 구성하는 사람들끼리는 결속력이 오히려 더 강화될 수 있겠죠. 우리 문화가 최고니까 다른 문화에 배타적인 태도를 보임으로써 자기들끼리 더 견고하게 뭉칠 수 있습니다. 하지만 역시 이 입장도 기본적으로 올바르다고는 할 수 없습니다. 바이얼릿뿐만 아니라 윌리 윙커도 자신의 초콜릿 공장에 대한 자부심이 지나치게 강하죠? 다른 초콜릿은 초콜릿이 아니라 벌레쯤으로 생각할 정도니까 마찬가지로 자문화중심주의적 관점이라고 할 수 있습니다.

바이얼릿
Says

우리의 껌 씹는 문화는
그 어떤 문화보다 우월해요!

- 의미: 자기 문화의 우수성을 내세워 다른 문화를 평가절하하는 태도.
- 순기능: 자기 문화에 대한 자부심을 강화해 사회 통합에 기여.
- 역기능: 국수주의 초래 가능성.

문화상대주의

마지막으로 찰리의 문화상대주의입니다. 문화사대주의와 자문화중심주의가 올바르다고 할 수 없는 태도라면, 문화상대주의는 올바른 태도라고 할 수 있습니다. 그래서 제목도 '찰리와 초콜릿 공장' 아니겠습니까? 찰리는 선입견이나 편견이 없습니다. 더 중요한 것은 상대방의 입장에서 그 문화를 생각할 수 있는 포용력이 있다는 겁니다. 이게 바로 문화상대주의적 입장입니다.

20세기 초반 서구의 많은 인류학자들이 아프리카나 오스트레일리아의 외딴섬으로 연구를 하러 갔습니다. 그리고 그곳 원주민들의 문화가 처음에는 정말 수준 낮아 보였지만, 연구와 관찰을 통해 지켜본 결과 그 문화도 나름의 합리성을 가진 굉장히 독특하고 수준 높은 문화임을 인식하게 되었습니다. 이를 계기로 형성되었던 것이 바로 문화상대주의적 태도이며, 우리가 가져야 할 태도가 문화상대주의입니다.

그러나 문화상대주의도 지나치면 인류가 지켜야 할 보편적인 가치마저 훼손할 위험이 있는 극단적 문화상대주의로 치달을 수 있으므로 주의해야 합니다. 예를 들어 이 세상 어느 나라든 부모에게 효도해야 한다고 가르치지 불효하고 부모를 학대하라 가르치지는 않습니다. 자신을 낳아준 부모에게 감사하는 마음으로 효도하는 것은 인류의 보편적 가치이며 그 어떤 것보다 우선한다고 볼 수 있습니다. 그런데 만약 어느 나라 어떤 부족이 부모를 학대하고 부모에게 불효하는 것을 문화로 여긴다고 가정할 때, 이를 그들의 입장에서 이해하고 존중해야 한다고 주장하는 사람이 있다면 그는 극단적 문화상대주의라는 잘못된 문화 이해 태도를 견지한다고 볼 수 있겠죠. 또한 다른 문화를 존중하거나 인정하는 게 아니라 단순히 방관하거나 관심을 두지 않는 것도 극단적 문화상대주의의 함정입니다.

극단적 문화상대주의로 빠지지만 않는다면, 문화상대주의적 태도로 서로의 문화를 이해할 때 우리는 상호공존할 수 있고 자기 문화를 더 잘 이해할 수 있을 겁니다.

찰리 Says

제가 속한 문화의 맥락에서 저를 이해해주세요!

문화상대주의

- 의미: 문화를 우열 평가가 아닌 이해의 대상으로 생각하며, 각 문화가 속한 사회의 맥락에서 이해해야 한다는 태도.
- 순기능: 다른 문화를 올바르게 이해하고 다양성을 보존하는 데 기여.
- 역기능: 극단적 문화상대주의는 보편적 가치의 실현과 문화의 질적 발전을 저해할 우려가 있음.

Ⅰ.

	A	B	C
각 사회가 지닌 문화의 의미와 가치를 인정하는가?	예	아니요	아니요
자기 문화가 우월하다는 믿음을 바탕으로 다른 문화를 판단하는가?	아니요	아니요	예

1. A는 _____ 에 대해서 말하고 있다.
2. B는 _____ 에 대해서 말하고 있다.
3. C는 _____ 에 대해서 말하고 있다.

정답: 1. 문화상대주의 2. 문화사대주의 3. 자문화중심주의

Ⅱ. 문화 이해 태도에 대해 옳은 진술을 하고 있는 사람을 고르세요.

> **진기**: A는 B와 달리 문화의 다양성을 보존하는 데 기여할 수 있다.
> **민석**: B는 C와 달리 선진 문물 수용에 용이하나 문화의 정체성을 상실할 우려가 있다.
> **성묵**: C는 B와 달리 문화의 우열을 정하는 기준이 존재한다고 본다.
> **대훈**: C는 A, B와 달리 문화를 평가의 대상으로 본다.

해 설

먼저 A, B, C가 어떤 입장인지를 살펴봐야겠죠? 각 사회가 지닌 고유한 가치를 인정하는 A는 문화상대주의입니다. 두번째 질문은 자기 문화가 우월하다고 생각하는

지를 묻습니다. 당연히 자문화중심주의일 겁니다. 그러므로 '예'라고 대답한 C는 자문화중심주의, B는 문화사대주의가 됩니다.

그러면 진기의 진술을 보겠습니다. 문화상대주의는 문화사대주의와 달리 문화의 다양성을 보존할 수 있습니다. 서로의 문화를 이해해주므로 함께하는 공존의 틀을 모색할 수 있죠. 따라서 다양한 문화가 사라지지 않고 이어질 수 있습니다. 그러니까 진기는 당연히 맞는 말을 한 겁니다.

문화사대주의가 자문화중심주의와 다르게 장점이 있다면 선진 문물을 쉽게 받아들일 수 있다는 점입니다. 이게 유일한 장점입니다. 반면에 문화사대주의의 단점은 자기 문화의 정체성을 상실하고 자기 문화를 잃어버리기가 쉽다는 겁니다. 민석은 문화사대주의의 장단점을 그대로 진술하고 있으니 옳은 설명입니다.

성묵은 "C는 B와 달리 문화의 우열을 정하는 기준이 존재한다고 본다"고 진술했는데, C는 자문화중심주의, B는 문화사대주의니까 둘 다 문화에 우열이 있다고 생각하는 입장입니다. 문화에 우열이 없다고 생각하는 건 문화상대주의입니다. 그러니까 성묵의 진술은 옳지 않습니다. 둘 다 우열을 정하는 기준이 있다고 보니까요.

반면에 문화상대주의는 문화를 평가의 대상이 아니라 비교의 대상으로 봅니다. 비교를 통해서 "너는 이게 예쁘고, 너는 저게 예쁘구나, 너는 눈썹이 예쁘고, 너는 코가 높아 예쁘구나"라고 하는 거죠.

대훈의 진술도 옳지 않습니다. 자문화중심주의만 문화를 평가의 대상으로 보는 게 아니라 B, 문화사대주의도 문화를 평가의 대상으로 봅니다. 문화상대주의만 비교의 대상으로 바라보고요. 그러므로 넷 중에 옳은 진술을 하는 사람은 진기와 민석이 되겠습니다.

결국 찰리 버킷은 초콜릿 공장을 물려받게 되었습니다. 하지만 윌리 웡커는 훨씬 더 좋은 것을 얻었죠. 문화는 환경과 배경을 고려한 맥락에서 이해해야 한다는 점을 배웠거든요. 하지만 지나친 문화상대주의 역시 문화를 올바르게 바라보는 일을 방해하므로 지양해야 한다는 점을 기억하시기 바랍니다.

지금까지 문화를 대하는 관점에 관해 알아봤습니다. 흥미롭지 않나요? 이 주제에 대해 더 알아보고 싶은 분들은 미국 인류학자 마빈 해리스의 『문화의 수수께끼』와 데이비드 버스의 『진화심리학』이라는 책을 읽어보길 권합니다. 조금 어려울 수도 있는데 정말 재미있는 책입니다. 이 책을 통해서 꼭 한번 인문학의 재미에 빠져보고, 더욱 많은 책으로 확장했으면 합니다.

〈엑스맨〉으로 본 지위와 역할

★

엑스맨 X-Men (2000)
감독: 브라이언 싱어
출연: 패트릭 스튜어트, 휴 잭맨, 이언 매켈런, 핼리 베리, 팜케 얀선, 제임스 마스던

다양한 초인적인 능력을 지닌 돌연변이 엑스맨.

인간 사회에 등을 돌린 돌연변이들과 인류의 싸움은 계속되고, 울버린은 자신의 지위와 역할 사이에서 고뇌하는데……

찰스: 오늘은 지위와 역할에 대해 알아보자. 지위는 한 개인이 집단 내에서 차지하는 위치를 말한단다. 여기서 그 지위를 얻기 위해 후천적으로 노력을 하느냐 여부에 따라 귀속지위와 성취지위로 나뉘게 되지. 여기 있는 우리는 모두 같은 귀속지위에 있어. 왜 똑같은 귀속지위냐고? 우린 태어날 때부터 돌연변이라는 공통점이 있으니까. 반면 역할은 이러한 지위에 기대되는 행동 양식을 뜻한단다. 우리 돌연변이들의 역할은 인간을 보호해주는 것이지.

여학생: 하지만 지위에 맞는 역할을 수행하는 건 인간들에게만 해당된다고 배웠는데요.

찰스: 그건 네가 잘못 알고 있는 거야. 시대가 변했잖니. 이 연구는 내 동료인 모이라 맥태거트 박사가 보내온 거다. 존스?

(존스가 초능력으로 TV를 켠다.)

TV: 여기 보이는 사람은 돌연변이의 역할을 제대로 수행하지 못했습니다. 비뚤어진 역할행동으로 인해 의식을 잃는 처벌을 받게 된 것이죠.

찰스: 여기에서 역할행동이라는 말은 무엇을 의미할까? 역할행동은 주어진 역할을 실제 행동에 옮기는 것으로 개인마다 차이가 있어. 또한 보상과 처벌이 따르지. 보상이나 처벌은 역할 자체에 대한 것이 아니라 역할행동에 대한 결과야. 그리고……

(먹구름이 덮인다.)

존스: 교수님?

찰스: 이 얘긴 내일 계속하자. 수업 끝.

연설: 이 세상에 몇몇 사람들은 돌연변이라는 귀속지위로 태어났습니다. 하지만 그들 중 다수는 자신의 능력을 이로운 곳에 쓰기 위해 열심히 노력하여 엑스맨이 되었습니다. 오늘 이 자리에 선 것은 우리의 안전을 위해 그 누구보다 애써온, 자신을 절제하고 다스리는 훈련을 통해 엑스맨이라는 성취지위를 얻은 이들의 노력에 감사드리기 위해서입니다. 신사 숙녀 여러분, 인간과 돌연변이는 모두 개인의 선택과 노력에 따라서 자신이 원하는 지위를 성취할 수 있다는 사실을 꼭 기억하시기 바랍니다.

한편 인간 세계를 정복하고자 하는 일부 돌연변이들은 울버린이 사랑하는 진을 조종하여 그들을 서서히 위협한다.

울버린: 진, 당신답지 않아.

진:	아냐, 아냐, 이게 나야.
울버린:	아니, 좀 진정해야 될 것 같아. 교수님 말로는 당신이 혼란스러울 거라고 하셨어.
진:	교수님은 알겠지. 안 그래? 난 진짜 나 자신이 누군지 잃어버렸어. 자신을 봐, 로건. 너도 이미 길들여져버린 거야.
울버린:	스콧은 어디 있어, 진?
진:	여기가 어디야?
울버린:	여긴 학교야. 스콧이 어떻게 됐는지 말해봐. 진, 스콧은 어떻게 됐어?

(실내의 물건들이 전부 흔들린다.)

진:　　　　　아아, 맙소사.

울버린:　　　나를 봐. 진, 내 곁에 있어! 말해봐. 날 봐. 날 보라고!

진:　　　　　안 돼!

울버린:　　　집중해, 집중해. 진!

진:　　　　　날 죽여줘.

울버린:　　　뭐라고?

진:　　　　　나를 죽여줘.

울버린:　　　그런 말 하지 마.

진:　　　　　제발.

울버린:　　　그만해.

진:　　　　　죽여줘.

울버린:　　　그만! 날 봐, 날 봐. 진! 괜찮아질 거야. 우리가 도와줄게.
　　　　　　　교수님이 도와주실 거야. 고칠 수 있어.

진:　　　　　난 고치고 싶지 않아. (울버린을 강하게 민다.)

결국 폭주하는 진. 급기야 울버린이 가장 존경하는 찰스까지 공격하고 만다.

(찰스의 무덤에 간 울버린.)

진(목소리만): 로건, 로건.

울버린:　　　진?

진:　　　　　로건, 여기가 어디야? 로건! 로건, 로건, 로건…… 로건!

울버린:　　　그만! (괴로워한다.)

진: 로건, 로건, 로건, 로건……

(울버린이 짐을 싼다.)

오로로 먼로: 어딜 가려는 거야?

울버린: 어딜 것 같아?

오로로 먼로: 진은 떠났어, 로건. 돌아오지 않을 거야.

울버린: 그건 모르는 거야.

오로로 먼로: 교수님을 죽였잖아.

울버린: 그건 진이 아니었어. 내가 아는 진은 아직 그녀 안에 있어.

오로로 먼로: 이봐, 왜 진실을 보지 못해? 왜 그녀를 떠나보내지 못해?

울버린: 왜냐하면! 왜냐하면……

오로로 먼로: 진을 사랑해서겠지. 당신은 진을 사랑하는 사람으로서 진을 지켜주겠다는 역할과 엑스맨으로서 진을 막아야 한다는 역할 사이에서 갈등을 겪고 있어.

인간을 파멸시킬 것인가, 지킬 것인가. 이를 둘러싸고 돌연변이 사이에 최후의 전쟁이 시작되는데……

에릭: 없애버려!

(돌연변이들의 싸움. 에릭이 공격당한다.)

에릭: 내가 결국 졌구나. 기억해라, 진! 오늘의 패배를.

울버린: 끝났어, 진. 끝났어. (군인들이 총을 쏘며 공격한다.) 안 돼, 쏘지 마! (진이 초능력으로 군인을 공격한다.) 안 돼!

비스트: 다들 여기서 도망쳐!

(진이 모든 것을 파괴한다.)

에릭: 내가 무슨 짓을?

울버린: (오로로에게) 진을 막을 사람은 나밖에 없어. 모두 안전하게
            지켜줘. 어서 가, 진! 아직 내 말 들리는 거 알아!

(진이 울버린도 공격한다. 버티며 진에게 다가가는 울버린.)

진: 인간을 위해 죽을 텐가?

울버린: 아니, 인간을 위해서가 아냐. 당신을 위해서야. 당신을……

진: 구원해줘.

울버린: 사랑해. (울버린이 진을 찌른다. 진이 죽는다.) 안 돼!!

평화를 지키는 영웅		**한 여자를 사랑하는 남자**
엑스맨의 사명을 다하기 위해서는 그녀를 없애야만 해!	VS.	진을 사랑하는 사람으로서 그녀를 지켜야만 해!

end

지위

지위는 기본적으로 '귀속지위'와 '성취지위'로 구분됩니다. 귀속지위에서는 염두에 두어야 할 점이 있습니다. 질문을 하나 해봅시다. 노인은 귀속지위일까요, 성취지위일까요? 귀속지위라고 쉽게 대답하면 안 됩니다. 노인은 태어날 때부터 노인입니까? 아니죠. 나이를 먹고 늙어야 노인이 되잖아요. 그렇다고 성취지위라고 해서도 안 됩니다. 이 질문은 귀속지위의 정확한 정의를 이해해야 대답이 가능합니다. 귀속지위는 태어날 때 미리 결정되어 자기의 의지로 바꿀 수 없는 지위입니다. 모든 사람은 태어날 때는 노인이 아니지만, 결국 시간이 지나면 노인이 되도록 결정되어 있습니다. 그리고 이 결정은 자기 의지로 바꿀 수가 없습니다. 이게 바로 귀속지위의 핵심이죠. 그러므로 노인은 귀속지위에 해당합니다.

울버린에게 귀속지위는 뭘까요? 바로 돌연변이라는 겁니다. 울버린이 돌연변이로 태어나고 싶어서 태어난 게 아니죠. 울버린의 날카로운 손톱은 원해서 얻은 게 아니라 태어날 때부터 있었습니다. 태어날 때부터 손안에 자리하고 있었죠. 물론 자기 의지로 벗어던질 수가 없습니다. 그러니까 이 손톱은 귀속지위가 되는 겁니다. 다시 한번, 귀속지위는 태어날 때 미리 결정되어 자기 의지로 바꿀 수 없는 지위라는 걸 기억하세요.

그러면 성취지위는 뭘까요? 자기 의지로 획득한 모든 것이 성취지위입니다. 헷갈리기 쉽지만 이 두 가지를 잘 구별해야 합니다. 아버지는 성취지위입니다. 아들은 귀속지위죠. 아들이라는 지위는 태어날 때 미리 결정됐습니다. 자기 의지로 바꿀 수 없죠. 그러나 아버지는 안 될 수도 있었지만 자기 의지로 된 것입니다. 그래서 아버지는 성취지위, 아들은 귀속지위가 되는 겁니다.

울버린에게 성취지위는 무엇이겠습니까? 영웅이라는 것이 울버린의 성취지위입니다. 울버린은 돌연변이로 태어났음에도 불구하고 지구의 평화와 우주의 안녕을 위해 몸 바쳐서 싸웁니다. 그로 인해 영웅, 곧 엑스맨이라는 성취지위를 얻어낸 거죠.

성취지위는 자기 의지로 획득한 지위입니다. 대통령, 의사, 교수, 강사, 이런 직업들은 전부 다 성취지위입니다. 다시 한번 짚고 넘어가면 귀속지위는 태어날 때 미리 결정되어 자기 의지로 바꿀 수 없는 지위이고요. 이 두 가지를 염두에 두고 '역할'로 넘어가겠습니다.

> **울버린 Says**
>
> 지위란 한 개인이 집단이나 사회 내에서 차지하는 위치이지!

귀속지위와 성취지위

- 귀속지위: 태어나면서부터 자연적으로 또는 운명적으로 얻는 지위.
  예) 아들, 노인, 영화 속 돌연변이 등
- 성취지위: 개인의 노력이나 능력에 따라 얻은 후천적 지위.
  예) 아빠, 선생님, 영화 속 엑스맨 등

역할

귀속지위든 성취지위든 모든 지위에 부여되는 것이 있습니다. 바로 역할입니다. 모든 지위에는 역할이 부여됩니다. 학생의 역할은 공부하는 것이고, 선생의 역할은 가르치는 것입니다. 돌연변이는 돌연히 변하는 게 역할입니다.

또 같은 지위에는 같은 역할이 부여됩니다. 착각하면 안 됩니다. 학생이라는 지위에는 공부라는 역할이 부여됩니다. 똑같이 학생의 지위에 있는데 누구는 공부를 해야 하고 누구는 돈을 벌어야 하고, 그렇지 않습니다. 하지만 역할행동은 달라질 수 있습니다. 강사라면 누구나 가르쳐야 하는 역할이 있습니다. 하지만 어떤 강사는 열심히 준비하고 연구해서 학생들이 성적을 올릴 수 있도록 돕습니다. 반면에 매일 땡땡이만 치는 강사도 존재합니다. 이는 역할이 아니라 역할행동의 차이입니다. 역할과 역할행동을 구분해서 봐야 합니다.

처벌과 보상은 역할에 따른 것이 아니라 역할행동에 따른 것입니다. 강사라고 다 보상을 받는 게 아닙니다. 강사가 열심히 강의했을 때 보상을 받는 것입니다. 학생이 수업 시간에 땡땡이를 치면 처벌을 받고, 열심히 공부해서 좋은 성적을 거두면 보상을 받습니다. 처벌이나 보상은 강사라는 역할, 학생이라는 역할과는 관계가 없고, 역할행동에 따라 결정됩니다.

역할갈등이라는 용어도 있습니다. 역할갈등에 대해 교과서에서는 이렇게 예를 들며 설명합니다. 교통경찰인 정씨가 교통단속을 하는데 위반 차량이 생겼습니다. 범칙금을 부과하려고 보니 운전자가 친구였습니다. 정씨는 친구로서 봐줘야 할지, 아니면 교통경찰로서 범칙금을 부과해야 할지

고민에 빠졌습니다. 이런 상황을 바로 역할갈등이라고 합니다. 역할갈등의 핵심은 지위에 부여된 역할기대가 충돌하는 겁니다.

울버린은 어떤 역할갈등을 겪습니까? 사랑하는 여자친구인 진이 폭주 기관차가 되어 세상을 파괴하려고 합니다. 울버린의 지위는 두 가지입니다. 하나는 진의 애인이라는 지위이고, 또하나는 엑스맨이라는 영웅으로서의 지위입니다. 영웅의 역할기대는 여자친구인 진을 죽이고 세상을 구하는 것 입니다. 하지만 진의 애인으로서 울버린의 역할은 애인을 지켜내는 것이겠 죠. 이처럼 두 역할기대가 충돌했을 때 사람은 고민하게 됩니다. 이게 바로 역할갈등입니다.

역할갈등의 핵심은 두 가지입니다. 갈등이 있다고 해서 다 역할갈등은 아닙니다. '화장실에 가서 대변까지 보고 올까 아니면 소변만 보고 올까' 하 고 갈등하는 건 역할갈등이 아닙니다. 그냥 심리적 갈등에 불과하죠. 사랑 하는 사람에게 꽃을 선물할까, 향수를 선물할까 고민하는 것도 그냥 갈등 이지 역할갈등은 아닙니다. 역할갈등은 갈등 중에서도 역할기대가 충돌하 는 상황에서 발생합니다. 서로 다른 두 가지 역할이 충돌할 때 생기는 갈 등입니다.

두번째로 역할기대가 충돌해도 갈등이 생기지 않는다면 그것은 역할갈 등이 아닙니다. 앞서 이야기한 교통경찰의 사례에서, 친구가 교통신호를 위반한 걸 적발했을 때 친구로서 봐줄지 경찰로서 범칙금을 부과할지 고 민하지 않고 범칙금을 부과한다면 역할갈등이라고 하지 않습니다. 갈등이 전혀 없었으니까요. 반드시 역할기대가 서로 충돌해서 갈등을 일으켜야만 역할갈등이라고 할 수 있습니다.

역할이란 일정한 지위에
사회적으로 기대되는 행동 양식!

울버린
Says

역할행동과 역할갈등

- 역할행동: 개인이 자신에게 주어진 역할을 수행하는 구체적 행동.

  (지위에 대한 보상과 처벌은 역할행동을 통해 이루어짐.)

- 역할갈등: 한 개인에게 요구되는 역할들이 충돌하여 나타나는 심리적 갈등.

  (반드시 역할기대와 그로 인한 갈등이 함께 나타나야 함.)

I. ㉠~㉡에 대해 옳은 설명을 하고 있는 사람은 누구일까요?

> ㉠ 화가가 되기를 원했던 현진은 교사가 되기를 바라는 부모의 뜻을 거역하고 싶지 않아 ㉡ 마음이 복잡했다. 그러나 ㉢ 담임교사가 부모를 설득하여 ㉣ 미술대학 진학을 허락받았다. 그는 서양화과에 지원하려고 했지만 부모는 동양화과를 권유했다. 현진은 부모가 미술대학 진학을 허락했기 때문에 일단은 ㉤ 동양화과에 가야 한다고 생각했다. 지금 그는 ㉥ 동양화의 대가로 인정받고 있다.

진기: ㉡은 역할갈등이 아니지만, ㉤은 역할갈등이다.
민석: ㉢은 ㉠과 달리 후천적 노력에 의해 획득된 지위이다.
성묵: ㉥은 ㉠으로서 현진의 역할수행에 따른 보상이다.

해설

진기부터 보겠습니다. ㉡에서 현진의 마음이 복잡하다고는 했는데, 주의할 점은 갈등은 있지만 지위에 부여된 역할기대가 충돌하는 건 아니라는 것입니다. 자식의 역할기대와 학생의 역할기대가 충돌하고 있다고 볼 수는 없습니다. 그러므로 ㉡은 역할갈등이 아닙니다. ㉤이 역할갈등이 되는 조건은 똑같습니다. 자식이라는 지위에 부여된 역할기대와 또다른 역할기대가 충돌해야 되는데 그런 게 없습니다. 나아가 더 중요한 점은 현진이 별다른 고민 없이 동양화과를 가려고 한다는 겁니다. 그래서 ㉤ 역시 역할갈등이라고 볼 수가 없습니다. ㉡도 ㉤도 모두 역할갈등에 해당하지 않습니다. 따라서 진기의 설명은 틀렸습니다.

담임교사와 화가는 모두 성취지위입니다. 성취지위는 후천적인 노력으로 획득한 지위입니다. 그러니까 민석의 설명도 맞지 않습니다.

㉠과 ㉢은 모두 후천적 노력에 의해 획득된 성취지위입니다. 현진이 동양화의 대가로 인정받고 있는 것은 화가라는 지위에 부여된 역할행동, 즉 역할수행에 대한 보상으로 얻게 된 것입니다. 즉 보상과 처벌은 역할에 따른 것이 아니라 역할행동에 따른

것이라는 점을 정확히 보여주는 문제였습니다. 그러므로 성묵이 옳은 설명을 하고 있습니다.

엑스맨의 진정한 장점은 무엇이었을까요? 엑스맨은 상처를 받아도 금방 복원하는 힘이 있습니다. 여러분도 마찬가지입니다. 사람은 누구나 살아가는 동안 수많은 일로 상처를 받습니다. 상처를 받지 않고 살아갈 수는 없죠. 결국 관건은 그 상처를 누가 빨리 극복해내느냐는 겁니다. 여러분도 놀라운 복원력으로 자신의 삶을 꾸려나가면 좋겠습니다. 엑스맨은 비록 돌연변이라는 귀속지위로 태어났지만 영웅이라는 성취지위를 얻습니다. 여러분도 연꽃처럼 진흙에서 태어났더라도 세상에서 가장 큰 꽃을 피워내기를 바랍니다.

Part 2.

—

영화로 보는
거의 모든
철학

—

〈캐리비언의 해적〉으로 본 칸트 vs. 공리주의

〈반지의 제왕〉으로 본 공자와 맹자

〈라이언 킹〉으로 본 노자와 장자

〈매트릭스〉으로 석가모니

〈타이타닉〉으로 본 존 롤스

〈레미제라블〉으로 본 정의

〈아바타〉로 본 환경윤리

〈캐리비언의 해적〉으로 본 칸트 vs. 공리주의

★

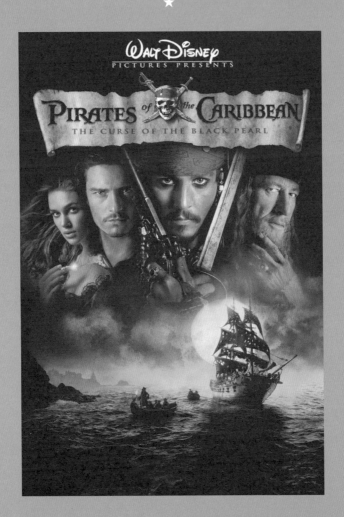

캐리비언의 해적 – 블랙 펄의 저주 Pirates of the Caribbean: The Curse of the Black Pearl (2003)
감독: 고어 버빈스키
출연: 조니 뎁, 제프리 러시, 올랜도 블룸, 키라 나이틀리

선장 잭 스패로와 윌 터너, 엘리자베스는 전설의 해적선 블랙펄을 찾기 위한 여정을 함께하고 있다. 어느 날 적들과 싸우다 엘리자베스가 포로로 잡혀가게 되었는데, 그녀에게서 편지가 온다.

> 잭, 윌! 우리가 했던 약속 기억나죠? 내가 만약 잡혀가면 구하러 오겠다는 약속.
>
> 나라도 그렇게 했을 거예요.
>
> 그러니 꼭 구하러 와줘요.
>
> 우리 다시 함께 멋진 모험을 해요.
>
> 이 편지가 무사히 전해지길……
>
> ─엘리자베스

윌 터너: 우리가 엘리자베스를 구하러 간다니 정말 기뻐. 결국 그녀와 한 약속을 지키는 거잖아. 그녀를 반드시 찾아서 구출할 거야.

잭 스패로: 그렇겠지.

윌 터너: 내 스승님 이마누엘 칸트도 분명 그렇게 했을 거야. 어렸을 때 그분께 많은 가르침을 받았는데, 내가 살아가는 데 큰 영향을 주었어. 반드시 그녀와 한 약속을 지켜야 해!

잭 스패로: 그래, 아마 우리는 엘리자베스를 구출하게 되겠지. 그런데 만약 그 과정에서 많은 사람이 죽게 된다면 이야기는 달라질 거야.

월 터너: 달라진다고?

잭 스패로: 당연하지. 우리는 그녀를 구하지 못할 수도 있어.

월 터너: 어째서? 우리는 반드시 그녀를 구해야 해. 우리 안에 있는 선
         의지를 따라야 한다고.

잭 스패로: 그것이 많은 사람에게 고통을 안겨줄 수도 있어.

월 터너: 뭐? 약속을 지키려는 의지, 그게 중요한 거야!

잭 스패로: 약속을 지키는 게 많은 사람에게 고통을 준다면, 그건 옳은
         행동이 아니야.

월 터너: 죽고 싶냐? 선의지를 따르는 것이 유일하게 옳은 행동이야!

잭 스패로: 정말 그것만이 유일하다고 생각하나?

잭 스패로가 돛대를 움직여 월을 바다 위로 밀어낸다. 돛대에 간신히 매달려
있는 월 터너.

잭 스패로: 행위에는 항상 결과가 따르지. 우리가 지켜야 할 중요한 룰
         은 단 하나야. 최대 다수의 최대 행복! 그것이 우리가 옳고
         그름을 판단하는 유일한 기준이지. 가능한 한 많은 사람에
         게 많은 행복을 가져다주도록 결정하는 것! 그게 중요한 거
         야. 예를 들어줄까? 그녀를 구출할 것인가, 말 것인가? 만약
         그 과정에서 많은 선원이 희생될 것 같다면 그녀를 구하지
         말아야 해.

잭 스패로가 다시 돛대를 움직이자 월 터너가 갑판 위로 떨어진다.

잭 스패로: (칼을 겨누며) 만약에 그렇게 된다면 그녀를 포기할까, 아니면 구할까?

윌 터너: 난 절대로 포기하지 않겠어.

잭 스패로: 그럼 일단 가보자고.

배는 엘리자베스가 있는 곳으로 계속 항해한다.

월 터너: 만약 잭이 포기하면 어쩌죠?

갑판장: 잭의 말이 맞을 수도 있어. 가서 싸울 우리들 생각도 해야잖겠나? 그리고 잭이 바로 블랙펄의 선장 아닌가?

월 터너: 뭐라고요? 선장이면 더욱 옳은 행동을 해야 하는 것 아닙니까?

갑판장: 그 여자 하나 구하다가 선원들이 몽땅 죽을 수도 있는데 자네는 그게 맞다고 생각하나? 그건 아니지. 자네는 결과는 따지지 말고 무조건 원칙만 지키라고 하는데, 원칙을 무조건 강요하기보다는 그걸 따랐을 때 얼마나 많은 사람이 행복해지는지 아닌지를 생각해봐야 하지 않겠나?

월 터너: (잠시 생각하다가) 그렇다고 양심을 그렇게……

갑판장: 양심? 양심이 밥 먹여주나? 월, 자네는 세상에 옳은 것은 단 하나, 그게 선의지라고 생각하지? 선의지 같은 건 다 소용없다네. 양심이나 원칙이 여러 사람 목숨보다 중요하다는 게 말이나 되는 건가? 우리가 다 죽고 나면 양심이고 뭐고 무슨 소용이란 말인가? 때로는 약속을 지키지 않는 게 옳다는 걸 왜 모르는가?

월 터너: 정말 그렇게 생각하시나요? 약속을 지키는 것이 도대체 왜 옳지 않다는 건가요?

갑판장: 잘 들어보게. 약속도 마찬가지야. 사람은 행동하기 전에 기다릴 줄 알아야 해. 우선은 어떤 쪽이 더 많은 사람에게 이익이 되는지를 생각해보는 거야. 만약에 많은 사람에게 이득이 될 듯싶으면 구하러 가는 거고, 아니면 그냥 포기하는 거지.

월 터너: 그게 옳은 일이라고 생각하시는군요.

갑판장: 그래, 바로 그거야.

월 터너: 해보지도 않고 이익이 될지 안 될지 어떻게 알 수 있죠?

이때, 잭 스패로가 두 사람 앞에 나타난다.

잭 스패로: 이제 곧 도착할 테니 정박할 준비를 하자. 우선 월과 내가 살
         피고 오도록 하지.

갑판장: 그런데 월이 무조건 구하려고 덤비면 어떻게 할 겁니까?

잭 스패로: 못하게 해야지.

엘리자베스가 갇힌 바르보사의 소굴에 진입한 잭 스패로와 월 터너. 섬의 상
황을 살펴본다.

월 터너: 도착했어. 어서 구해야지.

잭 스패로: 아니, 우리는 그녀와 한 약속을 지키지 못하겠네.

해적들 앞에서 연설을 하는 바르보사.

바르보사: 저들은 우리에게 졌다. 이제 우리가 최고의 해적이다! 이 여
         자의 목숨을 빼앗아 우리의 힘을 보여주자! 이제 더 많은 보
         물이 우리 차지가 될 것이다.

이 장면을 지켜보던 잭 스패로가 먼저 말을 꺼낸다.

잭 스패로: 그녀를 구하다간 많은 선원들이 다칠 거야.

윌 터너:　약속은? 약속은 반드시 지켜야 해!

잭 스패로: 확실하게 말해주지. 선하고자 하는 의지나 동기는 중요하지 않아. 중요한 건 결과야. 남고 싶으면 혼자 남아. 선원들을 희생시킬 수는 없어.

다시 바르보사의 소굴.

바르보사: 자! 이제 시간이 된 것 같군. 처형을 시작해볼까?

`end`

칸트

영화 잘 보셨죠? 이제부터 영화 속 캐릭터들을 하나씩 분석해보겠습니다. 먼저 잘생긴 월 터너입니다. 굉장히 잘생겼는데 융통성이 조금 부족합니다. 융통성 없는 원칙주의자죠. 약속은 반드시 지켜야 하고, 우리 안에 있는 선의지를 무조건 따라야 하고, 선의지를 따르는 행동만이 올바른 것이라고 강조합니다. 어떤 철학자가 떠오르시나요? 그 유명한 독일 철학자 이마누엘 칸트가 생각납니다. 그래서 월 터너가

이마누엘 칸트
Immanuel Kant
1724~1804, 독일

근대 계몽주의 철학자이자 독일 관념철학의 기초를 세운 철학자입니다. 현대 철학에까지 영향을 준 칸트는 인식론은 물론 종교와 법, 역사에 관한 중요한 저서를 남겼습니다. 주요 저서로는 『순수이성 비판』, 『실천이성 비판』, 『판단력 비판』 등이 있습니다.

자기 스승이 칸트라고 하는 겁니다. 실제로 칸트는 어땠을까요? 그가 지나가면 동네 사람들이 시계를 다시 맞추었다고 할 만큼 철저하고 규칙적인 생활을 한 인물이 칸트입니다.

> 우리는 반드시 그녀를 구해야 해!
> 우리 안에 있는 선의지를 따라야 한다고!

월 터너
Says

절대론적 윤리설

- 대표 사상: 칸트의 의무론.
- 절대적, 객관적, 보편적인 행위의 기준이 있다고 봄.
- 이러한 보편타당한 행위의 법칙을 따르는 행위가 옳은 것이라 보는 이론.

- 행위 원칙: 선의지에 따른 정언명령.

  선의지 – 도덕적 선의 유일한 근거로서 '도덕법칙'을 따르려는 의지.

  정언명령 – 무조건적으로 지켜야 할 당위법칙.

- 도덕은 개인의 자율적 선의지에 따라 의무로 주어진 것이므로 이를 따르는 것이 옳은 행위라고 보는 이론.

공리주의

다음은 잭 스패로, 조니 뎁이 연기했습니다. 조니 뎁은 영화를 한 편 찍으면 1000억을 받는다고 합니다. 그런데 여러분이 영화를 제작하면서 100억을 준다고 하면 조니 뎁이 영화를 찍을까요? 안 찍겠죠. 단순히 영화를 찍는 것이 중요한 게 아니라, 영화를 찍어서 자기에게 얼마 만큼의 이득이 오느냐, 1000억을 받느냐 못 받느냐가 중요합니다. 이처럼 어떤 행위에 대한 결과를 중요시하는 사람들이 바로 공리주의자입니다.

잭이 이야기합니다. "우리가 지켜야 할 중요한 룰은 단 하나야."

제러미 벤담

Jeremy Bentham
1748~1832, 영국

윤리학자, 법률학자, 정치가이자 변호사로 활동한 벤담은 공리주의를 주장한 학자로 유명합니다. 결과가 가져오는 쾌락을 늘리는 것이 도덕적으로 옳다고 보고 '최대 다수의 최대 행복'을 주장했습니다. 벤담은 자본주의 사회를 예찬했으며, 자연법 사상을 비판하고 정치 법률의 개혁을 주장했습니다. 벤담의 공리주의는 이후 밀에게 많은 영향을 주어, 밀은 벤담의 양적 공리주의를 발전시켜 질적 공리주의를 주장했습니다.

그 단 하나가 바로 제러미 벤담이 말한 '최대 다수의 최대 행복'입니다. 가급적 많은 사람에게 쾌락을 통한 행복을 주는 것이 바로 잭 스패로가 생각하는 미덕이죠. 영화를 만들 때 1000억이라는 돈을 주면서까지 왜 조니 뎁을 캐스팅할까요? 그가 나왔을 때 그 영화가 가장 많은 사람에게 쾌락을 통한 행복을 주기 때문이죠. 조니 뎁이 나왔던 〈가위손〉, 얼마나 재미있었습니까? 그리고 지금 다루는 〈캐리비언의 해적〉도 얼마나 많은 사람이 재미있게 보고 행복해했습니까? 이처럼 가급적 많은 사람에게 행복을 주자는 것이 공리주의의 주장입니다.

마지막으로 갑판장이 있습니다. 이 사람도 잭과 같은 입장입니다. 사람은 행동하기 전에 기다릴 줄 알아야 한다고 했습니다. 그다음에 그 행동을 했을 때 더 많은 사람에게 행복을 줄 수 있는지 없는지를 생각해야 한다는 겁니다. 만약에 더 많은 사람에게 행복이 주어진다면 그 길을 가고, 그렇지 않다면 포기하라고 하죠. 결과를 보장하지 못하니 그만두라는 겁니다.

> 중요한 건 결과야! 많은 선원이 희생될 것 같다면 그녀를 구하지 말아야 해!
>
> 잭 스패로 Says

결과론적 윤리설

- 대표 사상: 공리주의.
- 행위들은 오직 그 결과에 의해서만 옳고 그름을 판단할 수 있음.
- 따라서 오로지 최선의 결과를 가져오는 행위가 옳은 행위라 보는 이론.

- 행위 원칙: 공리성의 원리, 어떤 행위든 행복을 증가시키는 행위는 용인하고, 감소시키는 행위는 부인하는 원리.
- 행위로 인해 생길 행복과 불행을 양으로 판단하여, 불행 또는 고통의 양을 최소화하고 행복의 양을 최대화하는 행위를 옳은 행위로 보는 이론.

영화 〈캐리비언의 해적〉 속 대립하는 두 인물을 통해서 칸트와 공리주의에 대해 설명해봤습니다. 약속을 지키는 행위가 올바른 것이냐는 문제였죠. 칸트는 약속을 지키는 것이 우리의 무조건적인 정언명령이라고 했는데 과연 그편이 올바른 것인가, 아니면 더 낳은 행복을 주는 편이 올바른 것인가는 생각해볼 필요가 있습니다.

칸트는 무조건 지켜야 합니다. 다른 건 중요하지 않습니다. 무조건 지키면 된다고 했습니다. 반면 공리주의자는 결과가 좋으면 되는 겁니다. 잭과 윌이 왜 싸웁니까? 여자 때문에 싸우는 거죠. 칸트는 약속을 했으면 무조건 구하러 가야 한다는 입장입니다. 공리주의는 구하러 갔다가는 다 죽을 게 뻔한데, 어차피 구하지도 못하고 다 죽을 거면 왜 가느냐고 하는 거죠.

그렇다고 공리주의자들이 무조건 약속을 지키지 말자고 하는 것은 아닙니다. 약속을 지켰을 때 어떤 결과를 불러올지를 고려해서 행동하자는 겁니다. 결국 공리주의자 잭은 선원을 더 많이 살리는 게 목표인 거죠.

이처럼 약속을 지킬 것인가 말 것인가라는 하나의 문제에서 칸트와 공리주의의 입장 차이를 명확하게 볼 수 있습니다.

Ⅰ. 칸트는 조건이 붙는 가언명령이 아니라, 그 자체가 목적으로 무조건적 명령과 의무의 성격을 띤 _____을 제시했다.

공리주의는 행위를 결정하는 주요 동기로 _____와 _____을 제시했다.

정답: 1. 정언명령 2. 쾌락, 고통

Ⅱ. 근대 서양 윤리 사상가들의 가상 대화입니다. 빈칸에 들어갈 내용에 맞는 설명을 하는 사람은 누구일까요?

A : 선생님, 어떤 행위가 도덕적으로 옳은 행위입니까?
B : 저는 언제나 동시에 보편적 입법의 원리가 될 수 있도록 자신 스스로 만든 격률에 따르는 것이 옳은 행위라고 생각합니다.
A : 저는 그렇게 생각하지 않습니다. 최선의 결과를 낳는 행위가 옳은 행위라고 생각합니다.
B : 제가 보기에 당신의 행위 원리는 _____는 것을 간과한 견해입니다.

진기 : 행위의 목적에 의해 행위의 도덕적 가치가 결정된다.
민석 : 공감이라는 자연적 경향성에 따라야 도덕적 행위가 된다.
성묵 : 다수가 동의하는 규범 원리에 따라야 도덕적 행위가 된다.
대훈 : 법칙의 사회적 승인 여부가 도덕 판단의 결정 요인이 된다.
유민 : 도덕원리에 대한 존중심에서 나온 행위만이 도덕적 행위가 된다.

해설

B는 보편입법을 내세우고 있습니다. 어떤 행위에서 보편입법이 정당하다고 주장하는 건 의무론적 윤리설의 전형인 칸트입니다. 그러니까 B는 칸트입니다.

이에 반박하며 A는 최선의 결과를 낳는 것이 좋다고 말하고 있습니다. 전형적인 공리주의자의 주장입니다. 그랬더니 칸트가 자신이 보기에 공리주의는 무언가를 놓쳤다고 합니다. 칸트가 생각하기에 공리주의가 놓친 건 뭘까요?

진기는 행위의 목적에 의해 도덕적 가치가 결정된다고 했습니다. 목적에 따라 행위의 도덕적 가치가 결정된다는 건 칸트의 입장이 아닙니다. 무언가를 얻으려는 목적으로 행동하는 건 칸트와 맞지 않습니다. 칸트는 누가 어떤 행위를 하는 이유를 뭐라고 생각할까요? 돈을 벌려고? 행복해지려고? 칸트에게는 그런 이유가 없습니다. 그 행위 자체가 중요하다고 생각했습니다. 따라서 진기의 설명은 빈칸의 내용으로 적절하지 않습니다.

민석은 "공감이라는 자연적 경향성"을 이야기하고 있습니다. 이건 흄이라는 철학자의 주장입니다. 흄은 공감, 감정과 경험 등을 중시하는 사람입니다. 그러므로 흄은 결과론적 윤리설을 따르는 사람입니다. 이성을 중요시하는 사상가들은 기본적으로 의무론적 윤리설에 따르고, 감정을 중시하는 사상가들은 결과론적 윤리설에 따릅니다. 그래서 민석의 설명도 빈칸에는 맞지 않습니다.

성묵이 말하는 "다수가 동의하는 규범"은 벤담의 주장입니다. 대훈이 말하는 "사회적 승인", 곧 사회가 받아들였느냐 받아들이지 않았느냐는 결과를 보는 겁니다. 사회가 승인하면 좋은 게 되고, 사회가 승인하지 않으면 나쁜 게 되는 겁니다. 칸트에게는 무조건 행위 그 자체가 중요합니다. 사회의 승인 여부는 행위 자체와는 상관이 없죠. 만약 제가 도둑질을 했는데 "의로운 도둑질이다"라고 사회가 승인을 했다면 이것이 좋은 행동이라고 말하고 싶어하는 쪽은 공리주의자들이겠죠.

칸트는 도둑질 자체를 무조건 나쁘게 봅니다. 왜 무조건 나쁠까요? 유민이 설명해주고 있습니다. 도둑질을 해서는 안 된다는 도덕원리를 존중하지 않았기 때문입니다. 칸트는 도덕원리에 대한 존중심에서 나온 행동, 도덕적 원리를 따르겠다는 선의지에서 나온 행동만이 올바른 행위라고 강조합니다. 따라서 빈칸에 적절한 설명은 유민의 설명입니다.

Ⅲ. 대화에서 민석의 질문에 대한 답변으로 적절한 것을 고르세요.

진기: 오늘 수업에서 배운 공리주의가 뭐야?
성묵: 최대 다수의 최대 행복을 중시하는 윤리적 입장이야.
민석: 그 입장에서 볼 때 남북통일을 해야 할 이유는 무엇일까?

① 우리 민족 최대의 역사적 의무니까.
② 손상된 민족의 자긍심을 되찾아야 하니까.
③ 우리는 역사와 전통이 같은 한 핏줄이니까.
④ 분단보다 통일이 우리에게 더 큰 이익을 주니까.
⑤ 남북 간의 이질화를 막고 동질성을 회복해야 하니까.

해 설

공리주의에서는 이거 하나를 꼭 기억해야죠. '최대 다수의 최대 행복.' 그러면 최대 다수의 최대 행복이라는 관점에서 남북통일은 왜 해야 할까요? 가급적 많은 사람에게 쾌락과 행복을 주니까 하는 거죠. 그러니까 4번이 올바른 답변이 되겠습니다. 분단보다 통일이 우리한테 많은 이득을 준다면 공리주의자는 꼭 통일을 해야 한다고 보겠죠. 결과를 가지고 판단하는 겁니다.

지금까지 영화 〈캐리비언의 해적〉으로 칸트와 공리주의의 입장에 대해서 비교해봤습니다. 만약 여러분이 잭 스패로, 윌 터너와 같은 상황에 처해 있다면 어느 쪽을 선택하겠습니까? 살다보면 이와 유사한 선택의 기로에 서는 날이 몇 번은 있을 겁니다. 현명한 선택으로 최선의 결과를 이루길 바랍니다.

칸트 vs. 공리주의

1. 철학과 윤리학

(1) 철학(哲學): 삶의 의미를 연구하는 학문으로 이론철학과 실천철학으로 나뉜다.

(2) 윤리학: 실천철학의 하위 학문으로서 '도덕'을 탐구 대상으로 삼아 인간의 행위에 대한 도덕적 규범을 연구하는 학문.

(3) 도덕의 성립 요건

- 사회적 승인
- 구속력
- 당위(마땅히 ……해야 한다)
- 규범 혹은 가치

2. 윤리학의 두 갈래: 규범윤리학과 메타윤리학

규범윤리학		메타윤리학
이론규범윤리학	실천규범윤리학	도덕적 논의에 사용되는 용어들의 의미 분석
결과론적 윤리 의무론적 윤리 덕 윤리 등	생명윤리 환경윤리 성윤리 직업윤리 등	

1cm 더 깊게 보기

규범윤리학이 인간의 현실적인 윤리 문제에 대해 실질적인 해답을 주지 못한다는 비판을 받으면서, 학자들 사이에서 과연 규범윤리학이 '학문적으로 다룰 수 있는 영역인가'라는 의구심이 생기기 시작했습니다. 그러한 생각은 규범윤리학에서 사용되는 용어들의 의미를 먼저 분석해야 한다는 주장으로 이어졌고, 이에 힘입어 메타윤리학이 윤리학의 주류로 자리잡아 20세기까지 그 위세를 떨쳤습니다. 그러나 인종 간의 갈등, 대량 살상 무기의 등장, 국제분쟁 등 사회적, 국가적 차원을 넘어선 문제들이 발생하면서 메타윤리학에 대한 회의적인 견해가 나오기 시작했습니다. 결국 메타윤리학도 인간의 삶을 안내하거나 도덕적 문제를 해결하는 데 실질적인 도움을 주지는 못하기 때문입니다. 이제는 윤리학의 본질이 '실천'이라는 점에 주목하여 두 가지 이상의 도덕규범이 서로 갈등을 일으키는 현실적인 문제들을 해결하기 위해 응용윤리학이 주목받기 시작했습니다.

	규범윤리학	메타윤리학	실천윤리학
관심문제	• 어떤 행위가 옳은 행위이고 그른 행위인가? • 선한 행위는 무엇이고 악한 행위란 무엇인가? • 우리는 어떻게 살아야 하는가?	• '옳다'는 것과 '그르다'는 것의 의미가 무엇인가? • '선'과 '악'의 의미가 무엇인가? • '도둑질해서는 안 된다'라는 진술이 참인지 거짓인지 증명할 타당한 방법이 있는가?	• 사형제도, 인권 보장을 위해 폐지를 유지해야 하는가? 사회정의 구현을 위해 부활시켜야 하는가?

○ 결과론적 윤리설의 거장! 공리주의功利主義

1. 결과론적 윤리설이란?

행위들은 오직 그 결과에 의해서만 옳고 그름을 판단할 수 있고, 따라서 오로지 최선의 결과를 가져오는 행위가 옳은 행위라 보는 이론.

2. 공리주의의 등장

18세기 영국에서 산업혁명으로 자본주의 경제가 점차 발전함에 따라 개인의 이익과 사회 전체의 이익을 조화시키는 문제가 대두되기 시작.

3. 공리주의의 삶의 목적

인간 삶의 궁극적 목적은 행복. 행복이란 다름 아닌 쾌락이고, 고통이 없는 상태를 의미.

4. 공리주의적 행위 원칙과 행위 결과의 판단 기준

① 행위 원칙: 공리성의 원리.
② 행위 결과의 판단 기준: 행위로 인해 생길 행복과 불행의 양으로 판단.
옳은 행위란 불행 또는 고통의 양을 최소화하고 행복의 양을 최대화하는 행위.

5. 공리주의의 대표 주자: 벤담과 밀

① 벤담의 양적 공리주의
  • 양적 공리주의 행위 원칙 강조: '최대 다수의 최대 행복'이라는 원리가 실질적으로 선악 판단의 기준이 되려면 쾌락과 고통의 가치를 정확히 측정할 수 있어야 함.
  • 쾌락의 질적 차이 부정: 모든 쾌락이 질적으로 동일하다고 가정한 후 그 양을 계산.
  • 도덕적 행동을 위한 외적 제재의 필요성 주장: 신체적, 정치적, 종교적 제재 등을 의미함.
② 밀의 질적 공리주의
  • 쾌락의 질적 차이 인정: 쾌락의 양뿐만 아니라 질적인 차이도 고려해야 된다고 봄 → 고상한 정신적 쾌락과 저급한 육체적 쾌락의 구분.
  • 정신적 쾌락의 추구: 감각적 쾌락보다는 내적 교양이 뒷받침된 정신적 쾌락의 추구가 더 바람직함.
  • 공익과 정의를 도덕의 본질로 상정: 이타적인 동정과 인간애의 사회적 이익을 토대로 한 공익과 정의의 실현, 양심의 내적 제재 중시.

행복의 공리

행복과 불행의 양을 측정할 때 각 개인의 행복은 똑같이 중요함.

→ 자신의 행복이라고 해서 타인의 행복에 비해 특별한 것으로 취급해서는 안 된다.

◉ 의무론적 윤리설의 거장! 칸트

1. 의무론적 윤리설이란?

행위에 대한 도덕적 판단은 행위의 결과와 무관하게 요구되는 의무와 원칙에 따라 이루어져야 한다고 보는 이론.

2. 칸트의 시대적 배경

영국과 프랑스 등은 봉건영주의 몰락과 이들을 굴복시킨 강력한 절대군주의 등장으로 국민국가로 통합이 이루어진 반면, 독일은 여전히 지방 세력들이 강력한 힘을 가지고 할거하는 상황. 독일 계몽주의 전성기의 자유로운 분위기 속에서 프랑스의 합리성에 기반을 둔 사상이 들어와 이성과 신성의 조화와 일치를 추구하는 경향이 강해짐.

3. 칸트가 바라본 인간

본능적 욕구를 따르면서도 자유의지를 지니고 자신의 목표를 스스로 설정하는 이중적 존재. 즉 인간은 자연의 세계와 도덕의 세계에 동시에 속해 있으면서 전자의 한계를 극복하고 후자를 향해 나아갈 수 있는 능력을 지닌 존재로 생각.

4. 칸트의 도덕철학

• 선의지: 도덕적 선의 유일한 근거로서 '도덕법칙'을 따르려는 의지.

- 도덕법칙: 도덕법칙이 먼저 설정되고 이 법칙에 부합하는 행위가 선한 행위. 의무이자 명령의 성격.
- 순수이성: 경험과 무관한 보편적이고 필연적인 도덕적 진리를 알려주는 선험적 추론 능력.
- 실천이성: 스스로 보편타당한 법칙을 세우고 자율적으로 행동하도록 명령하는 것.
- 자유의지: 도덕법칙을 따르면서 자기 스스로 행동에 자율성을 부과.
- 정언명령: 내면의 선의지에 따라 마땅히 지켜야 할 도덕법칙(무조건적인 당위 법칙).

5. 칸트 사상의 윤리설

① 의무론적 윤리설: 도덕은 개인의 자율적 선의지에 따라 의무로 주어진 것.
② 인격론적 윤리설: 각 개인의 인격이 존중되는 목적의 왕국 건설.

◉ **결과론적 윤리설의 세계관** VS. **의무론적 윤리설의 세계관**

결과론적 윤리설	의무론적 윤리설
행복한 삶 감각적 경험의 신뢰 목적의 성취 일의 효용	의로운 삶 합리적 이성에 대한 신뢰 공정한 절차 정당한 원칙

〈반지의 제왕〉으로 본 공자와 맹자

★

반지의 제왕The Lord of the Rings (2001)
감독: 피터 잭슨
출연: 일라이저 우드, 이언 매켈런, 리브 타일러, 비고 모텐슨, 숀 애스틴, 케이트 블란쳇

세상에 나와서는 안 되는 절대반지가 창조되고, 이로 인해 세계는 어둠에 휩싸인다. 이에 어둠의 절대반지를 파괴하기 위한 원정대가 꾸려지는데…… 원정대는 무사히 반지를 파괴할 수 있을까?

엘론드: 우리 원정대의 출범을 축하하러 모인 친구들이여! 우리는 모르도르의 위협을 이겨내고 반지를 없애고자 모였습니다. 반지로 인해 중간계는 혼란의 길을 걷고 있고 이대로는 파멸이 불가피해 보입니다. 원정대가 올바른 마음가짐이 없으면 희망이 없을 것입니다. 우리는 이러한 사명을 띠고 이 일에 임해야 할 것입니다. 반지를 가지고 나오게, 프로도.

(프로도가 탁자에 반지를 내려놓자 놀라며 웅성거린다.)

사람들: 그게 사실이었군.

보로미르: 꿈을 꿨습니다. 동쪽 하늘이 어두워졌어요. 서쪽에는 창백한 빛만 가득했고, 한 목소리가 외쳤죠. 멸망이 곧 다가온다. 이를 타개할 거대한 힘이 발견됐다.

(보로미르가 반지에 손을 대자 하늘이 어두워지며 저주가 내려지려 한다. 그러자 간달프가 주술을 읊으며 저지한다.)

엘론드: 흥분하시는 건 좋은데 간달프, 모두가 알아듣는 말을 써주시죠.

간달프: 용서를 구하지는 않겠소, 엘론드여. 이 여정의 핵심은 바로

원정대가 군자의 마음을 품는 것입니다. 모르도르를 통과하기 위해선 반드시 극기복례(克己復禮)해야 합니다. 자신의 욕망을 이겨내고 예를 따라야 하지요.

보로미르: 저건 선물이야. 우리들더러 이용하라고 준 것인데 왜 이 반지를 사용하지 않소? 반지를 파괴하고 평화를 찾는다, 물론 중요하지. 하지만 당신들이 땅을 지키고도 남을 힘이 저기 있어. 저 반지를 이용해 이참에 중간계를 지배합시다.

아라곤: 당신은 이것을 이용할 수 없어. 우리 중 그 누구도! 반지는 파괴되어야 해. 그러기 위해서 원정대는 욕망을 극복하고 도덕성을 바로잡아야 한다.

보로미르: 알지도 못하면서 그냥 조용히 있지?

레골라스: 그의 말이 맞네. 이제 알았소. 저것이 핵심이오. 자신의 욕망을 다스릴 줄 알아야 하네.

보로미르: 알겠다고? 정말 반지를 포기하겠다는 거요?

레골라스: 위원회의 의견에 반대하는 것인가?

아라곤: 진정하게, 레골라스.

보로미르: 정말 그렇게까지 말한다면, 그렇게 하는 걸로 하지.

보로미르: 혼자 돌아다니면 안 돼. 특히 너는. 넌 매우 소중한 몸이니까. 프로도, 네가 왜 항상 혼자 있으려고 하는지 알아. 네가 매일 겪는 고통을 나는 알고 있어. 필요 없는 고통이라고 생각하진 않니? 다른 방법도 있어, 프로도. 우리에겐 다른 길도 많아.

프로도: 무슨 말을 하려는지 알아요. 현명한 것처럼 말하고 있지만 내 마음속에서 경고가 들리는군요.

보로미르: 경고? 무엇 때문에? 우린 모두 힘들어, 프로도. 그러니까 이 여정을 계속하는 건 옳지 않아. 이건 미친 짓이야.

프로도: 다른 길은 없어요.

보로미르: 난 내 백성을 지킬 힘을 원하는 것뿐이야. 내게 반지를 빌려 주면……

프로도: 안 돼요.

보로미르: 왜 날 겁내지? 난 도둑이 아니야.

프로도: 지금 당신은 하늘이 준 어진 마음을 잊었어요.

보로미르: 넌 네가 군자라도 될 줄 아니? 넌 반지의 노예가 될 거고, 그렇게 죽어갈 거야. 그럼 넌 그제야 왜 이 권력을 사용하지 않았나 땅을 치고 후회하겠지. (프로도는 도망가고 보로미르는 쫓는다.) 바보 같은 녀석! 너한테는 과분해. 운이 좋았지. 내 것일 수도 있었어. (프로도가 잡힌다.) 내놔! 내놓으란 말이야!

프로도: 안 돼!

보로미르: 내놔!

프로도: 안 돼!

(프로도가 반지를 끼고 모습을 숨긴 채 보로미르를 공격한다.)

보로미르: 네 속셈을 알겠군. 넌 반지를 독차지하려는 거야! 우릴 배반할 거라고! 그럼 너도 죽고 우리 모두 죽는 거야. 널 저주해! 너와 네 종족을 저주해! (쓰러진다.) 프로도? 프로도? 내가 무슨 짓을 한 거지? 제발, 프로도……

호빗 세 사람이 오크들에게 쫓기는데 보로미르가 구해주다가 오크의 화살에
맞는다.

보로미르: 호빗들을 데려갔어.

아라곤:　 가만히 있어.

보로미르: 프로도, 프로도는 어딨어?

아라곤:　 그를 보내줬어.

보로미르: 넌 내가 못한 일을 했군. 난 반지를 뺏으려고 했어.

아라곤:　너 잠시 흔들렸던 것뿐이야.

보로미르:　날 용서해줘. 나 때문에 모두 실패했어. 난 군자가 될 수 없었어.

아라곤:　아냐, 보로미르. 넌 호연지기를 갖추었어. 비로소 대장부가 되었지. (화살을 뽑으려 한다.)

보로미르:　놔두게. 이제 끝났어. 인간족의 세상은 멸망할 거야. 결국 모두 암흑에 휩쓸리고 나의 실수로 몰락하겠지.

아라곤:　비록 실수를 했을지라도 자넨 선한 사람이야. 자네에게 맹세하지. 모두의 도덕성을 회복하기에 아직 늦지 않았다고. 욕심으로 선한 본성이 가려지는 것을 보고만 있지 않겠어.

보로미르:　선한 본성…… 선한 본성……

(아라곤이 보로미르에게 칼을 쥐여준다.)

프로도(혼잣말):　반지가 제게 오지 않았더라면, 이런 일이 안 일어났다면……

간달프(목소리만):　누구나 욕망을 이겨내고 어진 사람이 될 수 있다. 네가 할 일은 오로지 너에게 주어진 내면의 도덕성인 '인'을 따르는 것이야.

`end`

왜 인간은 타락하는가

간달프가 뭐라고 했습니까? "이 여정의 핵심은 바로 원정대가 (도덕과 의리를 저버리지 않는) 군자의 마음을 품는 것입니다." 반지원정대가 출발할 때의 마음을 봅시다. 모든 인간은 태어날 때 도덕적으로는 세상을 구하고 자 하는 선한 마음을 품고 태어납니다. 보로미르도 출발할 때는 선했습니다. 인간이 태어날 때 마음은 모두 선합니다. 이건 마치 물이 위에서 아래로 흐르듯 변하지 않습니다. 지팡이를 손에서 놓으면 아래로 떨어지죠. 왼쪽으로 쓰러질지, 오른쪽으로 쓰러질지는 알 수 없지만 확실한 건 절대로 위로 솟구치지는 않는다는 겁니다. 이처럼 인간도 선한 마음을 품고 태어났습니다. 이것이 유교의 기본적인 생각입니다. 공자도 맹자도 똑같습니다.

그런데 보로미르는 욕망에 사로잡혔습니다. 하늘이 선하고 어진 본성을 부여했지만, 그 착한 본성을 거스르고 욕망에 사로잡혀서 사리사욕을 탐하다가 결국 죽음에 이르게 됩니다. 물론 죽을 때는 다시 선한 본성을 찾았습니다. 이게 바로 유교의 핵심 가르침입니다.

그렇기 때문에 우리는 항상 수신(修身)해야 합니다. 마음과 행실을 바르게 해야 합니다. 그래서 인격의 도야를 바탕으로 내 몸을 갈고닦아야 한다는 겁니다. 착하게 살려고 노력해야 한다는 거죠. 본성은 선하지만 그건 하늘이 준 것이기 때문입니다. 인간은 땅으로부터도 무언가를 받았습니다. 땅에서는 육체를 받았다고 합니다. 배고프면 먹고 싶고, 앉으면 눕고 싶고, 누우면 자고 싶습니다. 그걸 가만히 놔둬야 할까요? 극복해야 합니다. 거기에서 바로 욕망이 생기기 때문입니다. 그 욕망을 극복하는 것이 바로 극기

기게스의 반지

기게스는 리디아의 목동이었습니다. 양을 치고 있던 어느 날, 큰 지진이 일어났는데 지진이 일어난 자리에 땅이 갈라지면서 동굴이 생겼습니다. 호기심이 동한 기게스는 동굴 안으로 들어갔고, 그곳에서 거인의 시체를 발견했습니다. 시체는 금반지를 끼고 있었는데, 기게스는 이 반지를 빼서 밖으로 나왔습니다.

이후 기게스는 우연히 반지의 흠집 난 곳을 안으로 돌리면 투명인간이 된다는 사실을 알게 되고, 가축의 상태를 보고하기 위해 궁전으로 들어간 날 반지의 힘을 이용하여 왕비와 간통하고 왕을 암살한 뒤 스스로 리디아의 왕이 되었습니다.

플라톤은 『국가』에서 기게스의 반지 이야기를 통해 만약 자신의 행동에 대한 결과를 책임질 필요가 없다면 어떻게 행동할 것인가에 대해 논했습니다.

(克己)입니다. 보로미르는 극기를 못한 거죠. 그 때문에 욕망에 사로잡혀 악행을 저지르고 말았습니다. 그러니까 우리가 그러지 않도록 인격을 도야해서 수신을 하고 제가(齊家), 곧 집안을 다스리고, 세상을 편하게 하는 평천하(平天下)를 행한다면 바로 '군자원정대'가 꿈꾸는 그런 세상이 온다는 겁니다.

반지원정대의 욕망은 뭘까요? 바로 절대반지입니다. 고대 그리스에도 똑같은 게 있습니다. 플라톤의 '기게스의 반지'입니다. 이 반지를 끼면 사람들 눈에 보이지 않는다고 합니다. 그러니 기게스의 반지만 있으면 모든 욕망을 채울 수 있겠죠. 거기서부터 인간이 타락하는 겁니다. 즉 현실세계가 타락하는 원인을 도덕성의 타락에서 찾고, 우리가 인격 수양을 통해서 하늘이 주신 선한 본성을 그대로 실현하는 도덕을 실천한다면 세상이 편안해지리라고 보는 것입니다.

> **공자와 맹자의 공통 입장**
>
> 인간에겐 태어날 때부터 하늘이 부여한 선한 마음이 있죠!
> 그 때문에 자신을 잘 다스리기만 한다면 누구나 이상적인 인간으로 거듭날 수 있습니다!

공자

사회 혼란의 원인

인간의 도덕적 타락 → 인(仁)을 회복하자!

인(仁)

사랑의 정신, 어진 마음, 차별적인 사랑.

이상적인 인간상

군자(君子): 인의 실천을 생활화한 사람, 극기복례한 사람.

맹자

성선설(性善說)

공자의 성선설을 구체화함.
인간은 사덕(四德, 인의예지)을 지니고 태어남.

이상적인 인간

대장부: 호연지기(浩然之氣)를 갖춘 사람.
＊호연지기: 지극히 크고 굳세며 올곧은 도덕적 기개.

맹자와 고자의 심성론 논쟁

고자: 인간의 본성은 선하지도 악하지도 않다.
맹자: 인간의 본성은 선하다.

I. 진기의 관점에서 민석에게 해줄 조언으로는 어떤 것이 있을까요?

> 평소에 공부를 열심히 하던 민석은 어느 날 갑자기 '내가 이렇게 힘들게 공부하는 이유가 무엇일까' 하는 의문이 들었다.

진기 : 참선비는 평생 배우고 덕(德)을 기르는 데 힘쓴다. 벼슬에 나아가면 도(道)를 행하여 백성들이 안정된 생활을 누리게 하고, 벼슬에서 물러나면 가르침을 만세(萬世)에 드리워 배우는 사람들을 깨우치고자 노력한다.

① 어떠한 가치에서도 벗어나 자유롭게 살기 위해서야.
② 전문 지식을 쌓아 자신의 부를 추구하기 위해서야.
③ 인격을 도야하여 배운 바를 삶에서 실천하기 위해서야.
④ 현실을 벗어나 형이상학적인 참된 진리를 얻기 위해서야.
⑤ 성현의 가르침에 따라 절대자에게 의탁하기 위해서야.

해 설

진기의 말은 결국 어떤 의미일까요? 열심히 공부하는 이유는 덕을 길러 벼슬에 나아가 세상을 평화롭게 하기 위해서라는 겁니다. 그러니까 ①처럼 자유롭게 살자는 말은 아니죠. 진기의 입장에서는 자유롭게 살면 안 됩니다. 하늘의 법칙에 따라야 합니다. 하늘이 준 그대로 유교의 도덕가치에 부합하도록 살아야 합니다. 따라서 도덕법칙에 따라 살아야 한다고 말해야 맞습니다.

부를 추구한다는 건 돈을 벌겠다는 말이죠. ②도 맞지 않습니다. 부를 추구하는 것, 돈을 벌자고 하는 건 애초에 도덕, 윤리와 거리가 멉니다.

④에서는 현실을 벗어나기 위해서라고 하는데 이것도 틀리죠. 한 제자가 공자에게 물었습니다. "선생님, 우리는 죽으면 어떻게 되나요?" 그러자 공자가 이렇게 대답했습니다. "너는 5년 뒤에 네가 어떻게 될지 아니? 살아 있을 때도 모르는데 어찌 죽음을

알겠느냐?" 공자의 사상은 아주 현실적인 사상에 기반을 두고 있습니다.

마지막으로 절대자에게 의탁하는 건 기독교죠. 그러니까 진기가 해줄 수 있는 조언은 ③입니다. 인격을 도야하여 배운 바대로 도덕적 가르침을 삶에서 실천하기 위해서 민석에게 열심히 공부하라고 조언할 수 있겠죠.

Ⅲ. 갑, 을 사상가에 대해 올바른 설명을 하는 것은 누구일까요?

> **갑**: 인간의 본성에 선함과 선하지 않음의 구분이 없는 것은 마치 물과 같아 동쪽으로 트면 동쪽으로 흐르고, 서쪽으로 트면 서쪽으로 흐른다.
>
> **을**: 물은 진실로 동쪽과 서쪽의 구분이 없지만 위와 아래의 구분도 없겠는가? 사람의 본성이 선한 것은 물이 아래쪽으로 흐르는 것과 같다.

진기: 갑은 본성에 선이나 악이 내재한다고 보고 있어.
민석: 갑은 타고난 도덕적 본성의 함양을 강조하고 있어.
성묵: 을은 의로움의 실천을 통한 본성의 변화를 추구하고 있어.
대훈: 을은 마음에 있는 사덕의 보존과 실현을 주장하고 있어.

해설

갑과 을이 누구인지를 먼저 알아야 합니다. 갑은 인간의 본성이 미리 결정되어 있다는 걸까요? 물은 동쪽으로 흐르게 결정되어 있나요, 서쪽으로 흐르게 되어 있나요? 그런 건 없다는 말입니다. 마찬가지로 인간의 본성 또한 선과 악이 결정되어 있지 않다는 뜻이죠. 인간의 본성에는 주어진 게 없다는 겁니다. 갑은 바로 고자의 성무선악설(性無善惡設)입니다.

반면에 을은 동서의 구분은 없지만 중요한 건 위아래의 구분이 있다는 겁니다. 물은 항상 아래로 흐릅니다. 그건 누가 시킨 것이 아니고 원래 그런 겁니다. 마찬가지로 인간의 본성은 미리 결정되어 있는데, 본새 없이 위로 가는 게 아니라 착하게 아래로 흐르도록 결정되어 있다는 겁니다. 바로 맹자의 성선설(性善說)입니다. 보로미르도 마지막에는 결국 자기의 선한 본성을 찾습니다. 중간에 욕망 때문에 뒤틀리더라도 결국은 선을 찾아가는 겁니다.

진기는 선이나 악이 본성에 내재한다고 하는데 갑은 인간의 본성에는 선악이 없다고 했습니다. 물은 동쪽으로 흐르는 것도 없고, 서쪽으로 흐르는 것도 없습니다. 을은 동서가 중요한 게 아니라 위아래가 중요하다고 합니다. 물이 처음부터 위로 흐르면 성악설입니다. 그런데 물은 아래로 흐릅니다. 성선설입니다. 그리고 위아래 관계없이 옆으로 흐르는데 어느 쪽일지는 모른다는 건 성무선악설입니다. 그래서 갑은 선이든 악이든 원래 있는 건 없다고 하는 겁니다. 민석도 마찬가지입니다. 성무선악설에서는 타고난 도덕적 본성이 없으니까 함양하고 말고 할 것이 없죠. 따라서 민석의 말도 틀립니다.

성묵에 따르면 을은 의로움을 실천해서 본성을 바꿔야 한다고 주장합니다. 의로움을 실천하는 건 맞습니다. 그러나 원래 선한 인간의 본성을 바꾸면 안 되죠. 그러니까 성묵의 말도 옳지 않습니다.

대훈은 마음에 있는 사덕의 보존과 실현을 말합니다. 사덕은 원래 인간에게 있는 인의예지(仁義禮智)를 말합니다. 좋은 거죠. 그걸 실현하기만 하면 됩니다. 그러면 인간은 원래 착하기 때문에 세상도 평온하고 좋아질 거라는 말이죠. 을의 성선설에 대해서 대훈이 정확하게 설명하고 있습니다.

〈라이언 킹〉으로 본
노자와 장자

★

라이언 킹 The Lion King (1994)
감독: 로저 앨러스, 롭 민코프
목소리 출연: 조녀선 테일러 토머스, 매슈 브로더릭, 제임스 얼 존스, 제러미 아이언스, 모이라 켈리, 니키타 캘레임

품바: 비켜, 저리 가란 말이야! 말똥가리 볼링은 정말 재미있어.

티몬: 스트레스가 확 풀리지.

품바: 티몬, 이리 와서 봐. 얘 아직 살아 있는 것 같아.

티몬: 이게 뭐야? 사자잖아! 도망쳐, 품바. 어서!

품바: 새끼 사잔데 뭘. 너무 귀여워. 버려졌나봐. 우리가 기를까?

티몬: 헉! 정신 나갔어? 얘는 사자야. 사자는 우리를 잡아먹는다고.

품바: 하지만 어리잖아.

티몬: 금방 커질 거야.

품바: 우리가 도를 깨닫게 하면 돼.

티몬: 오래 살다보니 별소릴 다 듣겠네. 아, 잠깐만, 도? 도를 아는 사자라, 그것 참 근사하겠는데?

품바: 그러면 기를 거지?

티몬: 물론. 그런데 일어나자마자 배고파하면 어떡하지? 그래, 네가 더 맛있어 보일 거야. 그늘을 찾아가자.

(심바가 깨어난다.)

품바: 정신이 드니?

심바: 그런 것 같아.

품바: 너 죽을 뻔했어.

티몬: 내가 널 구했지. 품바도 조금 도왔지만, 쪼금.

심바: 살려줘서 고마워.

품바: 어디 가는 거야?

심바: 아무데나.

티몬: 와, 우울 돋는구나.

품바: 내가 보기엔 배고파 보이는데?

티몬: 우울해 보인다고.

품바: 동물의 왕 사자신데 그럴 리가 있나.

티몬: 동물의 왕이라…… 하하하. 그래서 어디에서 왔니?

심바: 묻지 마. 돌아갈 수도 없어.

티몬: 아, 이곳저곳을 떠돌고 있었구나. 잘됐네. 우리도 같은 처지야.

품바: 왜 쫓겨났니?

심바: 괴로운 일이라 말하고 싶지 않아.

티몬: 좋아, 우리도 듣고 싶지 않아.

품바: 티몬, 우리가 해줄 수 있는 게 없을까?

심바: 과거를 되돌린다면 모를까……

품바: 이럴 때 티몬이 하는 말이 있어. 가식과 위선이 중요하다.

티몬: 그게 아니지, 아마추어야. 옆에서 이 형이 말하는 걸 잘 들어. 바로 '무위자연'이라는 거야. 인위적인 가식과 위선에서 벗어나 본래의 자기 모습대로 사는 것.

심바: 난 그렇게 배우지 않았는데.

티몬: 선생을 잘못 만난 게지. 날 따라해봐. 상선약수.

심바: 뭐?

품바: 상선약수, 어렵지 않은 말이야.

티몬:	상선약수, 정말 멋진 말이지.
품바:	무위자연, 끝내주는 말씀.

(노래)

티몬:	으뜸이 되는 선은 물과 같은 거죠.
티몬, 품바:	이것이 상선약수의 의미. 무위자연과 함께 기억해. 상선약수.
심바:	상선약수?
품바:	우리 신조야.
심바:	신조가 뭐야?
티몬:	글쎄, 네 신조는 뭐니?
품바:	이 두 단어만 마음에 새겨두면 돼.
티몬(노래):	품바 얘길 해줄게. 이 친구가 어렸을 때.
품바(노래):	내가 어렸을 적에.
티몬:	잘했어. 물을 마시러 연못가에 갔는데.
품바:	사실 방귀 냄새가 좀 지독했어. 주변 친구들은 날 못된 돼지라고 놀려댔지. 나를 방귀 냄새로 편협하게 판단한 거야.
티몬:	세상에!
품바:	그런 게 어디 있어?
티몬:	냄새난다고 못됐다니.
품바:	모든 걸 차별하지 않는 제물(齊物)의 경지를 모르나봐.
티몬:	마음이 아파.
품바:	너도 한번 맡아보면……

티몬: 품바, 그건 필요 없을 것 같아.

품바: 이런, 미안!

티몬, 품바: 상선약수, 정말 멋진 말이지. 무위자연, 끝내주는 말씀.

심바: 자연적 본능에 따르는 아이 같은 삶.

티몬: 따라 불러.

티몬, 심바: 이것이 우리의 인생철학.

품바: 잊지 말아요, 상선약수.

티몬: 초라한 우리집에 온 것을 환영해.

심바:	여기 살아?
티몬:	살고 싶은 데서 살지.
품바:	속세에 구속받지 않는 것이 중요해.
심바:	아름다워.
품바:	배고픈걸.
심바:	지금 같으면 엄청 큰 얼룩말이라도 사냥할 수 있을 것 같아.
티몬:	얼룩말은 네가 먹기에 크지 않니?
심바:	먹고 남기면 되지.
티몬:	안 돼.
심바:	안 된다고?
티몬:	응. 우리랑 살려면 일단 탐욕을 버려야 해. 여기에 땅벌레가 많겠는걸.
심바:	으, 이게 뭐야?
티몬:	이건 땅벌레지.
심바:	윽, 징그러워.
티몬:	매우 훌륭한 단백질원이야.
품바:	끈적거리긴 해도 맛은 좋아.
티몬:	작아서 양을 조절하기도 적당하지.
품바:	각자 먹어야 할 만큼만 먹는 거야.
티몬:	마음을 비워서 깨끗이 하는 심재를 행한다면…… 오! 이건 특별식이군. 우리가 생각하는 이상적인 경지에 오를 수 있을 거야. 한번 먹어봐.
심바:	상선약수와 무위자연. 끈적거리지만 먹을 만해.

모두:　　　상선약수, 무위자연, 좌망과 심재.

심바:　　　마음에 새기며 모두가 기억해야 할 도가의 이상적인 삶.

모두:　　　이것이 우리의 인생철학, 상선약수, 무위자연, 좌망과 심재,

　　　　　　기억해요.

end

노자의 상선약수 上善若水

우리는 동물원에 가야 사자나 호랑이, 코끼리 같은 동물들을 볼 수 있습니다. 동물원에 많이 가보셨죠? 어떤 걸 느꼈습니까? 자연스럽지 못하다, 문제가 있다고 생각한 분도 많을 겁니다. 실제로 많은 북유럽 국가들이 동물원을 없애고 있습니다. 북유럽 사람들은 이미 도가의 사상을 실천하고 있는 겁니다.

우리는 갇혀 있는 호랑이를 보면 뭔가 불쌍하다고 생각합니다. 자연스럽지 않다고 하죠. 그 자연이 바로 '저절로 그러함'입니다. 그 자연은 누가 만든 걸까요? 도가에서는 바로 '도(道)'가 만들었다고 합니다. 그래서 도가라고 하죠. 즉 도라는 것은 눈에 보이지도 않고, 글로 쓸 수도 없고, 말로 할 수도 없는 겁니다.

다시 정리해봅시다. 눈에 보이지 않고, 말로 할 수도 없고, 글로 쓸 수도 없는 게 도입니다. 그 도가 만물을 스스로 그러하게끔 만들었습니다. 사자는 고기를 먹고, 소는 풀을 먹고, 사람은 사랑을 하고, 컵은 물을 담도록 만든 것이 바로 도입니다.

도가 자연을 그렇게 만들었는데, 곧 사자는 초원을 누비면서 얼룩말도 잡아먹고 영양도 잡아먹어야 하는데 우리에 갇혀서 인간이 던져주는 고기만 먹으면 여러분은 '자연스럽지 못하다, 저건 문제가 있어'라고 생각합니다. 왜 그런 생각이 들까요? 인간이 무언가를 하고자 했기 때문입니다 그게 바로 '인위(人爲)'입니다. 그래서 도가의 핵심 사상은 인위를 없애는 경지를 말합니다. 인간이 일으킨 '……하고자 함'을 없애는 경지, 그다음에 자연이 붙어 바로 '무위자연(無爲自然)' 사상이 됩니다.

그러니까 유가와는 완전히 다른 거죠. 호랑이를 우리에 가두고 사람이 나타나면 인사하라고 가르치는 게 유가입니다. 인간이 억지로 호랑이에게 예를 가르치고, "호랑아, 이제 인자해져야지" "이제 토끼 잡아먹지 마" 하면 호랑이는 죽습니다. 도가는 사자와 호랑이를 억지로 가둬놓고 인과 예를 주입하려고 하지 말라고 합니다. 유가 사상에 대한 정면 도전입니다. 인위를 버리고 호랑이는 호랑이대로 울타리를 벗어나고, 사자는 사자대로 살아가는 것이 무위자연설입니다.

그래서 품바와 티몬이 노래하는 그 말, '상선약수(上善若水)'가 등장합니다. '약(若)'은 영어로 'like as'입니다. '……와 같다'는 말이죠. 상선(上善), 곧 최고로 착한 것은 물과 같다는 뜻입니다. 물은 항상 낮은 곳으로 흐릅니다. 그래서 겸허하다는 겁니다. 또한 물은 흐르다가 돌을 만나면 돌을 뚫고 지나가지 않습니다. 돌과 싸우지 않고 돌아갑니다. '부쟁(不爭)' 하는 겁니다. 그래서 겸허와 부쟁의 덕을 갖춘 물처럼 사는 것이 바로 상선약수의 삶이라고 도가에서는 이야기합니다.

노자의 이상적인 삶

- 무위자연과 상선약수에 따르는 삶.
- 무위자연(無爲自然): 인위적인 가식과 위선에서 벗어나 본래의 자기 모습대로 사는 것.
- 상선약수(上善若水): 최상의 선은 물과 같다는 뜻으로, 사람들이 싫어하는 낮은 곳으로 흐르는 물의 성질을 지닌 사람이 도덕적인 사람이라 주장.

장자의 좌망坐忘과 심재心齋

도가에서 두번째로 공부할 것은 장자입니다. 질문을 던져보겠습니다. 사자는 무섭습니까, 아니면 귀엽습니까? 혼자 길을 걸어가는데 사자 한 마리가 나타납니다. 여러분은 아무것도 가진 게 없어요. 맨손밖에 없습니다. 그러면 사자가 귀여울까요? 혹은 사자가 한 마리 나타났는데 여러분이 탱크를 타고 있습니다. 그러면 사자가 무서울까요? 사자는 귀엽지도 무섭지도 않다는 게 도가의 핵심 사상입니다. 공룡이 보면 사자는 귀염둥이죠. 토끼가 보면 사자는 공포 그 자체입니다. 이게 도가의 핵심적인 사상, '상대론적 인식론'입니다. 만물에는 절대적 기준이 존재하는 것이 아니라 바라보는 관점에 따라 달라질 수 있다는 거죠. 이효리는 제가 보면 아름답지만, 벌레가 보면 그저 무서울 뿐입니다. 이게 바로 도가의 핵심입니다.

여기에서 모든 차별이 생겨납니다. 저는 이효리와 강부자를 구분합니다. 원빈과 박명수를 구분합니다. 누구랑 데이트하고 싶나요? 저는 강부자 씨하고는 하지 않을 것 같습니다. 그렇다면 저는 이효리와 강부자를 차별하는 거죠. 이게 바로 만물의 불행의 원인이라고 도가에서는 말합니다. 눈으로 아름다움과 추함을 구별하니까 불행해진다는 겁니다.

그럼 우리는 어떻게 하면 될까요? 오감의 상대성을 깨달아야 합니다. 저는 그렇지 않다고 했지만 다른 사람이 보기에는 오히려 이효리보다 강부자가 더 미인일 수 있고, 강부자 씨와 데이트를 하고 싶을 수도 있지요. 이렇게 우리의 오감이 문제임을 깨달았다면, 만물의 차별이 사라지는 제물(齊物)의 경지에 오르게 됩니다. 제가 남자라는 나를 버리면 이효리와 강부자를 차별할 필요가 없습니다. 여자분들이 여자라는 자신을 버리면 원빈과 박명수를 차별할 이유가 없습니다. 이게 바로 제물의 경지입니다. 그리고 제물의 경지에 오르기 위해서는 마음을 모으는 심재(心齋), 앉아서 모든 것을 바라보는 좌망(坐忘)에 이를 것을 강조했던 인물이 바로 장자입니다.

우주의 원리, 천지를 생겨나게 하고
이끌어가는 것이 바로 도가에서 말하는 도야!

품바
Says

장자의 이상적 경지

사물을 차별하지 않는 제물(齊物).

장자의 수양법

- 좌망(坐忘) : 조용히 앉아서 우리를 구속하는 일체를 잊어버리는 것으로, 정신적 자유를 추구하는 방법.
- 심재(心齋) : 마음을 비워서 깨끗이 한다는 뜻으로, 좌망과 함께 도가에서 말하는 정신적 자유를 추구하는 또하나의 방법.

I. 다음을 주장한 사상가의 관점으로 적절하지 않은 설명을 한 사람은?

> 도(道)가 만물을 낳고, 덕(德)이 그것들을 기르고 성장시킨다. 그런 까닭에 만물은 어느 것이나 도를 높이지 않는 것이 없고, 덕을 귀하게 여기지 않는 것이 없다. 도를 높이는 일, 덕을 귀히 여기는 일, 그것은 누가 명령해서가 아니라 늘 저절로 그렇게 되는 것이다.

진기: 도의 관점에서 보면 사물에는 귀천이 없어.
민석: 분별적 지혜를 없애야만 도를 얻을 수 있어.
성묵: 인의의 덕으로써 나라를 다스려야 해.
대훈: 도는 '스스로 그러함'에 어긋나지 않아.
유민: 이상적인 인간이 되려면 부쟁의 덕을 지녀야 해.

해 설

"도가 만물을 낳고", 여기까지만 봐도 답이 나옵니다. 심지어 마지막에는 "저절로 그렇게 되는 것이다"라고까지 했습니다. 그러면 이 사상가는 분명히 도가 중 한 명입니다. 도가의 관점에서 다섯 명의 설명을 보겠습니다.

도의 관점에서 보면 사물에는 귀천이 없습니다. 그래서 도가 사상은 생태학과 연결됩니다. 장자는 부인이 죽었을 때 북 치고 장구 치고 만세를 불렀습니다. "드디어 해방이다!" 이런 게 아닙니다. 부인이 드디어 흙이 됐으니까 축하할 일이라는 겁니다. 원래 흙에서 왔으니까 흙이나 사람이나 알고 보면 다를 바가 없다는 거죠. 생태학적 관점과 연결되는 겁니다. 그러니까 진기는 도가에 대해 적절한 설명을 했습니다.

분별적 지혜는 유가에서 하는 말입니다. 도가의 입장에서는 이런 건 없애버려야 합니다. 인의를 강제로 가르치면 안 되는 거죠. 분별적 지혜가 없어야 도를 얻을 수 있습니다. 민석의 말도 도가에 해당합니다.

인의의 덕으로 다스리자는 건 호랑이, 사자를 가둬놓고 예의범절을 가르치는 거죠.

도가는 그러지 말아야 한다고 했습니다. 따라서 도가에 맞지 않는 설명을 한 사람은 성묵입니다.

대훈과 유민의 설명도 도가에 적합합니다. 도는 스스로 그러함에 어긋나지 않습니다. 도가 바로 스스로 그러함, 자연을 만들어내죠. 또한 노자가 말한 이상적 인간이 되기 위한 방법이 겸허와 부쟁의 덕을 갖추고 물과 같은 삶을 사는 것입니다.

Ⅲ. (가)의 관점에서 (나)에 나타난 문제점을 해결하기 위해 제시할 수 있는 조언으로 적절한 것은?

(가)
최고의 선은 물과 같다. 물은 만물을 이롭게 해주지만 다투지 않고, 모든 사람이 싫어하는 낮은 곳에 머무른다.
저절로 변하고 길러지도록 만물에 맡겨두지 않고 조작하려고 하면, 나는 그러한 짓을 못하게 자연의 소박한 덕으로 그들을 진정시킬 것이다.

(나)
휴먼국의 한 기업은 수도권에 대규모 골프연습장을 건설하여 빈축을 사고 있다. 건설 과정에서 나무를 많이 베어낸 결과 홍수와 산사태가 빈번하게 일어났으며, 잔디 관리를 위해 엄청난 양의 농약을 살포하여 인근 마을 상수원이 심각하게 오염되었다.

① 자연을 탐구하고 다스려야 한다.
② 자연과 합일하는 삶을 살아야 한다.
③ 자연을 이용하여 삶의 질을 높여야 한다.
④ 자연을 행복 추구의 수단으로 삼아야 한다.
⑤ 자연을 보호하기 위해 과학기술을 발전시켜야 한다.

해설

"최고의 선은 물과 같다"는 말만 봐도 누구인지 알 수 있습니다. 상선약수, 바로 도가의 노자입니다. 그러면 도가의 관점에서 (나)를 보면 되겠습니다. 농약을 살포해서 이웃 마을에 난리가 났습니다. 농약이 의미하는 바가 바로 인간의 인위입니다. 도가의 관점에서 생각해보겠습니다. 광우병은 왜 생겼습니까? 도는 소가 풀을 먹고 살도록, 저절로 그렇게 하도록 만들었습니다. 그런데 인간이 그걸 거스르고 고기를 갈아 넣은 사료를 먹였습니다. 그 때문에 광우병이 생긴 거죠. 만물과 우주를 창조하는 근본 원리, 눈에 보이지도 않고 글로 쓸 수도 없고 말로 할 수도 없는 도가 소는 풀을 먹도록 했는데, 이걸 인간이 임의로 바꾼 겁니다. 인간이 임의로 무언가를 하고자 한 것이 사회 혼란을 불러온 거죠. 자연과 함께하고자 하지 않고 자연을 정복하려고 했기 때문이죠.

그러면 (가)의 입장에서 해줄 수 있는 조언은 2번이 됩니다. 자연과 하나되어 살아가는 자세가 필요하죠. 1, 3, 4, 5번은 전형적인 서구의 사고방식입니다. 도가와는 완전히 반대되는 사고입니다. 자연을 정복하고 다스리고 이용하려고 했던 것이 서구의 사고입니다.

〈매트릭스〉로 본
석가모니

★

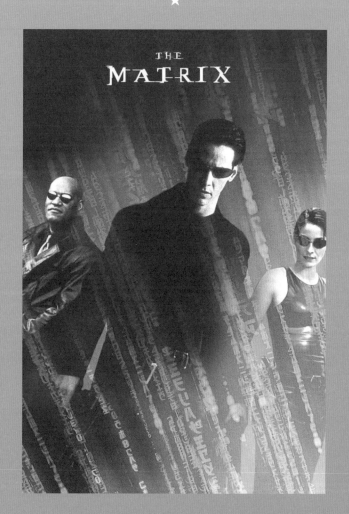

매트릭스The Matrix(1999)
감독: 앤디 워쇼스키, 라나 워쇼스키
출연: 키아누 리브스, 로런스 피시번, 캐리앤 모스, 휴고 위빙, 글로리아 포스터

머지않은 미래, 기계는 매트릭스라는 프로그램을 이용해 인간을 자신들의 에
너지원으로 쓰기에 이르고, 인간은 종말의 위기를 맞는다. 그러나 인류를 구
원할 운명을 타고난 한 남자가 있는데……

네오: 　　다시 돌아갈 순 없죠?

모피어스: 그래. 돌아갈 수 있다면 그러겠나? 윤회설이라고 들어봤나?
　　　　　불교의 연기설에 기반을 두고 있지. 연기설의 기본 관점은 모
　　　　　든 사물은 변화하며 이러한 변화는 독자적으로 이루어진 것
　　　　　이 아니라 모두 인연으로 맺어져 이루어진다는 거야. 네가 왜
　　　　　여기에 와 있는지 궁금하지? 세상이 로봇의 지배를 받게 된
　　　　　건 그리 오래된 일이 아니야. 재앙은 과거 한 영웅의 죽음으
　　　　　로 인해 시작됐지. 최초의 로봇들로부터 우리를 해방하고 우
　　　　　리에게 진실을 가르쳤던 우리의 영웅. 하지만 인간이 충분한
　　　　　힘을 기르기 전에 그는 너무도 갑작스럽게 죽어버렸어. 예언
　　　　　가들은 혼돈 속에서 다시 그가 윤회하여 돌아오리라고 말했
　　　　　지. 로봇의 포악을 저지하고 인류를 구원할 거라고. 그래서
　　　　　우린 평생 그의 환생만을 기다려왔어. 그리고 그 사람이 너
　　　　　라고 믿는 거야. 푹 쉬어. 휴식이 필요할 거야.

네오: 　　뭘 위해서요?

모피어스: 너의 훈련을 위해서.

모피어스: 이건 실전을 위한 가상훈련 프로그램이지. 로봇과 싸우게 될 현실과 비슷해. 기본 규칙은 같아. 중력도 있고. 기억하겠지? 네가 집착을 버려야만 고통을 없애고 깨달음을 얻을 수 있어. 팔정도를 통해 열반의 길을 가는 것이지. 알겠나? 그럼 공격해봐. 할 수 있으면.

모피어스: 적응력, 순발력 다 좋아. 하지만 문제는 기술이 아니야.
소년: 모피어스와 네오가 싸워요.

모피어스: 내가 너를 어떻게 이겼지?
네오: 당신이 너무 빨라서요.
모피어스: 내가 빠르거나 힘이 센 게 유일한 이유일까? 진정으로? 자신에 대한 집착을 버리라고 했지 않나. 다시 해.
소년: 정말 빠르다. 속도가 현저하게 달라졌어요.
모피어스: 무엇을 기다리고 있나? 이보다 빠를 수 있잖아. 팔정도를 마음에 새겨.
소년: 믿을 수가 없어.
네오: 당신이 뭘 하려는지 알아요.
모피어스: 네 마음을 풀어주려는 거야. 문까지만 안내할 수 있지. 나가는 건 직접 해야 해. 탱크, 이제 실전으로 가보자고. 모든 걸 버려, 네오. 두려움, 의심, 불신까지. 모든 건 네 마음에 달렸어.
네오: 오키도키. 내 마음에 달려 있다.
소년: 그가 잘할 수 있을까요?

탱크: 처음부터 성공하는 사람은 없어.

소년: 알아요, 알아. 만약 성공하면요?

남자: 못할걸.

여자: 힘내.

네오: 좋아. 문제없어. 문제없다고 그래.

과연 그는 성공하여 세상을 구할 수 있을까? 그가 그토록 깨닫고자 하는 것은 무엇이었을까?

end

고통스러운 현실

　형제에서 이제는 남매가 된 워쇼스키 남매가 감독한 영화 〈매트릭스〉입니다. 네오라는 친구가 나옵니다. 네오가 원래 살던 곳은 가상세계였습니다. 컴퓨터가 만든 가상세계를 진짜 세계로 알고 살고 있었습니다. 그곳에서 나름 행복하게 사는데, 어느 날 모피어스라는 사람이 나타나서 제안을 합니다. 빨간 약과 파란 약 중에 어떤 약을 선택할지 묻습니다. 빨간 약을 먹으면 진실을 알게 되고, 파란 약을 먹으면 그대로 살아가는 거죠. 이때 네오는 빨간 약을 선택합니다. 그리고 자신이 진짜라고 알고 있는 세계는 기계가 만들어낸 가상세계일 뿐이라는 진실을 알게 됩니다. 우리의 진짜 현실은 고통스럽고 잔인한 곳이라는 걸 깨닫습니다. 잠수함 안에서, 지하 세계에서 벌레들과 사는 쓰레기 같은 고통의 세계라는 걸 깨닫습니다.

　부처의 문제 제기는 바로 여기서부터 시작합니다. 인생은 바로 고통이라는 거죠. 살다보면 느낍니다. 여러분도 지금 수많은 고통에 시달리고 있을 겁니다. 학생들은 수능이라는 고통에 시달리고, 대학생이 되어도 등록금, 취업난 등의 고통에 시달립니다. 남학생들은 곧 군대라는 고통에 시달릴 테고, 직장인이 되어서도 상사, 실적 등의 압박에 적은 월급까지 수많은 고통이 도사리고 있습니다. 결국 인생은 고통의 연속입니다. 부처의 가르침이 바로 이것이었습니다. 현실은 고통이라는 것.

　그렇다면 고통이 발생하는 원인은 무엇일까요? 영화에선 현실에 살던 이들이 컴퓨터에 부탁해 가상의 세계로 도피하기도 합니다. 하지만 현실세계가 고통스러운 이유는 편하게 살고 싶은 욕망에 대한 집착 때문입니다. 그러나 영화 속 사람들은 그것을 모른 채 그저 현실에서 벗어나려고만 합니다. 그래서 우리는 고통의 원인이 바로 욕망에 대한 집착에서 시작한다는 사실을 깨달아야 합니다.

부처의 깨달음은 아주 간단합니다. 현실세계는 고통으로 가득차 있고, 고통의 원인은 바로 욕망에 대한 집착이라는 거죠. 더 좋은 음식, 더 큰 행복, 더 예쁜 여자, 더 잘생긴 남자, 더 좋은 집, 더 좋은 차를 위해서 살아가는 욕망 때문에 우리는 결국 고통에서 벗어나지 못합니다. 그러면 고통을 없애는 방법은 간단하겠죠? 욕망에 대한 집착을 벗어던지면 됩니다. 그런 깨달음을 얻으면 비로소 열반의 경지에 오르게 되는 겁니다.

그러면 열반의 경지로 가기 위해서는 무엇을 알아야 할까요? 이 세상 모든 것이 인연으로 맺어져 변화한다는 '연기설'을 깨달아야 합니다. 친구와 내가 만난 것은 우연이 아닙니다. 친구가 없으면 내가 없고, 내가 없으면 친구가 없다는 것을 알아야 합니다. 세상 모든 것이 이처럼 인연으로 맺어져 변해간다는 것, 이것이 바로 연기의 법칙입니다.

불교의 이상적 인간상

- 부처: 깨달음을 통해 주체적으로 지혜와 자비를 실현하는 사람.
- 보살: 불교의 이념을 바탕으로 자기교육에 매진하는 동시에 민중교육에 헌신하는 사람.

연기설

- 모든 현상은 무수한 원인과 조건이 상호관계하여 성립된다는 이론.
- 모든 것은 원인에 의한 결과로서 존재하며, 원인이 소멸될 경우 그 원인에 따른 결과도 소멸됨(인과관계 및 상호의존성 강조).

열반

부처는 말합니다. 여름에 모기가 내 코에 앉습니다. 피를 빨아먹으려고 합니다. 어떻게 해야 할까요? 전기 모기채로 확 지지면 될까요? 아닙니다. 모기를 잡는 대신 코 양쪽 끝을 몰아서 모기에게 피를 짜줘야 됩니다. 이 모기가 전생에 돌아가신 우리 할아버지였는지도 모르죠. 모기와 내가 만난 것이 우연이 아니라 필연임을, 세상에 혼자 존재하는 것은 없음을 깨달아야 한다고 부처는 말했습니다. 그 깨달음을 얻는 순간 우리는 바로 열반의 경지에 오르게 됩니다. 그리고 그 순간 너와 내가 서로 인연으로 맺어져 있음을, 너와 내가 다르지 않음을 깨닫습니다. 자타불이(自他不二)를 알게 되는 거죠.

〈매트릭스〉는 총 3편으로 제작되었습니다. 3편에서는 네오가 컴퓨터와 화친을 맺고 앤더슨을 잡으러 갑니다. 그때 네오는 "내 한 몸 던져 인류를 구원하리라" 하는 것이 아니라 "인류를 구하는 것이 바로 자신을 구원하는 것"임을 깨닫습니다. 자신이 살아나야 여자친구도 살아날 수 있습니다. 또 여자친구가 살아야 나도 산다는 것을, 내가 여자친구고 여자친구가 나라는 것을 깨닫는 것, 이것이 바로 연기설의 핵심이고 열반의 핵심입니다.

부처는 열반에 오르기 위한 방법으로 여덟 가지 바른 수행법을 제시했습니다. 바르게 생각하고 바르게 말하는 등 여덟 가지 바른 도를 깨칠 때, 비로소 모든 것을 깨칠 수 있다고 했습니다. 이런 부처의 근본 사상을 사성제(四聖諦)라고 합니다. 고집멸도(苦集滅道), 그중에서 고성제(苦聖諦)는 현실은 모두 고통이라는 사실을 깨닫는 것입니다. 집성제(集聖諦)는 고통의 원인은 욕망에 대한 집착이라는 것입니다. 멸성제(滅聖諦)는 그렇기 때문에 이런 욕망을 다 끊어버리자는 말입니다. 그렇게 얻는 깨달음이 바로 도성제(道聖諦)입니다. 여덟 가지 정도를 바로 닦아서 고집멸도의 사성제를 깨닫고, 연기설과 윤회 사상을 가르치고자 했던 인물이 바로 부처입니다.

사 성 제

- 고성제(苦聖諦) : 현실세계의 결과. 인간의 삶 자체가 고통. 대표적인 것은 삶, 늙음, 병듦, 죽음이다.
- 집성제(集聖諦) : 고통의 원인. 인간의 고통은 무지와 탐욕 때문.
- 멸성제(滅聖諦) : 이상적 경지. 고통과 집착에서 벗어난 열반, 해탈의 경지.
- 도성제(道聖諦) : 이상세계의 원인. 열반에 도달하는 방법으로 팔정도가 있음.

팔 정 도

- 열반(Nirvana)에 이르는 여덟 가지 수행 방법
  : 정견(正見), 정사(正思), 정어(正語), 정업(正業), 정명(正命), 정정진(正精進), 정념(正念), 정정(正定).

＊열반: 번뇌의 세계를 완전히 벗어나 고뇌가 없어진 상태.

모피어스 Says

네가 집착을 버려야만
고통을 없애고 깨달음을 얻을 수 있어.
팔정도를 통해 열반의 길을 가는 것이지!

Ⅰ. ①~④의 순서에 맞게 네 사람의 진술을 정리해봅시다.

| ① 문제 인식 | ···▶ | ② 원인 규명 | ···▶ | ③ 해결 방안 | ···▶ | ④ 전망 제시 |

진기: 해탈을 얻어 괴로움을 소멸시킨다.
민석: 무명과 집착에 의해 업(業)이 쌓인다.
성묵: 현실세계는 괴로움으로 가득차 있다.
대훈: 여덟 가지의 올바른 길을 통해 중도(中道)를 지향한다.

해설

먼저, 인식해야 할 문제는 어떤 걸까요? 〈매트릭스〉로 생각해보겠습니다. 네오가 살던 가상세계가 진짜가 아니라는 걸 인식해야 합니다. 빨간 약을 먹으면 진실한 세계를 깨닫게 되는 거죠. 진짜 현실은 고통의 세계라는 것을 깨닫는 겁니다.

이제 현실이 고통이라는 걸 인식했습니다. 그러면 고통의 원인은 무엇입니까? 바로 욕망에 대한 집착이라는 걸 깨달아야 합니다. 문제도 알았고 원인도 알았으니 해결을 해야겠죠. 여덟 가지의 바른 길을 통해서 깨달아야죠. 팔정도를 통해서 모든 욕망의 집착을 끊어버리고 이 세상의 모든 것은 인연으로 이어져 있음을 깨달으면 해탈의 경지에 들어갈 수 있습니다.

그러므로 문제 인식은 고성제, 곧 현실세계는 고통으로 가득차 있다는 성묵의 설명이 이에 해당합니다. 원인은 집착, 무명(無明), 탐욕 때문에 업이 쌓이는 것입니다. 민석의 설명에 해당합니다. 그걸 해결하는 방법은 팔정도를 실천하는 것이고, 그러면 결과적으로 해탈에 이르러 고통, 괴로움이 없어지고 자타불이의 경지를 통해서 다른 사람을 구원하는 세계로 갑니다. 그래서 성묵-민석-대훈-진기의 순서가 됩니다.

Ⅱ. 진기는 평소 아래와 같은 생각을 합니다. 진기가 보일 윤리적 태도
   로 적절한 것들을 고르세요.

> 사람이든 물건이든 그 자체로 생겨나 지속되는 것은 없다. 이것은 저것에
> 서 연유하며, 이것이 지속되기 위해서는 저것이 필요하다. 예를 들어 아버
> 지와 아들은 분리된 두 존재가 아니다. 아들은 미래의 아버지이며, 아버
> 지는 과거의 아들이다. 아들의 행복은 아버지의 행복과 연결되어 있으며,
> 아버지가 행복하지 않을 때 아들의 행복 역시 불완전하다.

① 문명을 거부하고 자연의 흐름을 따른다.
② 나를 소중하게 여기듯이 남도 소중하게 여긴다.
③ 만물의 상호의존성을 깨달아 생명을 존중한다.
④ 자연계에서 인간이 가장 존엄한 존재임을 깨닫는다

해 설

"사람이든 물건이든 그 자체로 생겨나 지속되는 것은 없다." 곧 혼자서 존재하는 것
은 없다는 뜻입니다. 이 세상 모든 것은 인연으로 이어져 있습니다. 비록 직접 만나는
것은 아니지만 책을 통해서 저와 여러분이 만나는 것도 우연이 아니라 필연입니다.
"이것은 저것에서 연유하며"라는 말은 연기설을 가리킵니다. 진기는 연기설의 관점으
로 세상 모든 관계를 보고 있습니다.

문명을 거부하고 자연의 흐름을 따른다는 1번은 전형적인 도가 사상이므로 해당
되지 않습니다. 2번은 나와 같이 남도 소중하게 여기는 태도, 바로 자타불이입니다.
네오가 내가 인류고 인류가 여자친구임을 깨닫고 인류를 구하면, 여자친구도 구하
고 나도 구하는 것이죠. 그러니까 진기가 보일 수 있는 태도로 적절합니다.

만물은 혼자 존재하지 않고 서로 의존하고 있음을 깨달아야 됩니다. 그러면 모든
생명체를 소중히 여기게 됩니다. 모기도 함부로 잡으면 안 된다고 말했었죠. 3번도

맞는 말입니다. 반면 인간이 가장 존엄하다는 4번은 아니죠. 모기가 코에 앉으면 피를 모아 줘야 합니다.

〈매트릭스〉뿐만 아니라 대부분의 영웅 영화는 부처의 연기설과 맞닿아 있습니다. 영웅들은 저마다 평화롭게 자기의 생활에 만족하면서 살고 있었습니다. 그런데 인류에 위기가 닥치면 개인의 평화로운 삶을 버리고 인류를 구하기 위한 험난한 길을 택합니다. 인류가 평화롭고 안전한 것이 곧 자신의 평화와 안전을 지키는 길이기 때문이 아닐까요?

〈타이타닉〉으로 본 존 롤스

★

타이타닉Titanic (1997)
감독: 제임스 캐머런
출연: 리어나도 디캐프리오, 케이트 윈즐릿

(영화의 줄거리와 대사는 주제에 맞게 각색되었습니다.)

(갑판 위)

잭: 그 사람 표정 봤어요? 봤어요?

로즈: 배가 도착하면 당신과 도망갈래요.

잭: 당신은 부자지만, 난 거지예요.

로즈: 알아요. 하지만 돈이 중요한 건 아니잖아요.

(망루 위)

선원 1: 와, 저기 보여?

선원 2: 우리보단 따뜻하겠네.

선원 1: 둘이 있어야 따뜻하니깐 뭐 저것도 나쁘지 않지.

갑자기 선원들의 표정이 심각해지더니 이내 놀란 눈으로 미친듯이 종을 치고 기관실로 전화한다.

선원 1: 이런 망할. 빨리 좀 받아, 멍청아! 누구 있습니까?

갑판장: 그래, 뭐가 보이나?

선원 1: 전방에 빙산입니다.

갑판장: 고맙네.

다급해진 갑판장이 조타실로 뛰어들어간다.

갑판장: 전방에 빙산입니다.

선장: 우현전타! 우현전타!

조타수가 힘껏 키를 돌린다.

선장: 끝까지! 힘껏 돌려!

엔진실에 후진을 알리는 비상벨이 울린다.

기관사: 전속력 후진!

조타수: 전타 완료했습니다!

모든 선원이 빙산을 피해보려고 애쓰지만 배는 계속 빙산을 향해 돌진하고

있다.

선원 1: 왜 선회를 안 해?

기관사 1: 우현전타인가?

조타수: 네, 그렇습니다.

모든 준비를 마친 선장은 기도하듯이 숫자를 센다.

선장: 10, 9, 8……

빙산을 피해 선회하는 타이타닉호. 하지만 타이타닉호는 빙산을 완전히 피하지 못하고 부딪치고 만다.

갑판장: 부딪친다!

선원 1:   이런 세상에!

결국 배는 심하게 요동치고, 배 안으로 물이 들어오기 시작한다.

갑판장: 좌현전타!

(연회장 안)

마거릿: 무슨 일이지? 구명조끼를 입혀놓고는 아무 말도 없잖아?

웨이터: 죄송합니다. 가서 알아보겠습니다.

마거릿: 뭔가를 제대로 알고 있는 사람이 없군.

호클리: 배고파 죽겠는데 이게 뭐하는 짓인가?

루스: 말을 가려서 하세요, 호클리 씨. 방에 히터를 미리 켜놓게. 가자마자 차 한잔 해야겠어.

시종: 네, 부인.

배의 설계자 앤드루를 발견한 로즈.

로즈: 앤드루 씨, 전 빙산을 봤어요. 배의 설계자니까 알고 있죠?

진실을 말해주세요.

앤드루: 배가 침몰할 거요.

로즈: 확실한가요?

앤드루: 그렇습니다. 한 시간 정도면 모든 게 가라앉을 거예요.

호클리: 뭐라고요?

앤드루: 하지만 구명보트는 충분하지 않소. 모두가 타지 못합니다. 타지 못하면 죽어요. 내 말을 기억해요.

로즈: 그렇군요…… 알겠어요.

선원들은 승객들을 구명보트에 태우기 시작한다.

앤드루: 라이톨러, 왜 구명보트에 여자와 아이 먼저 태우지 않지?

라이톨러: 지금 바쁩니다.

앤드루: 무조건 많이만 태우면 된다는 것인가? 우리가 생각해야 할 것이 머릿수뿐인가?

라이톨러: 전 그냥 공리주의의 원칙을 따랐을 뿐입니다만.

앤드루: 그 원리로는 여자와 아이 같은 사회적 약자나 개인의 희생에 대해서는 실질적인 대안을 줄 수 없네!

라이톨러: 이리 오세요. 여자와 아이 들 먼저 타세요!

마거릿: (호클리와 루스를 데리고 오면서) 들었죠? 보트에 타세요.

호클리: 남자 자리는 없나요?

선원: 지금은 여자만 탑니다.

루스: 구명보트도 선실 등급이 있나요? 붐비는 건 딱 질색이라.

로즈: 세상에! 조용히 하세요! 만약에 우리가 부자가 아니었어도
           구명보트에 대해 그렇게 말하셨을까요?

호클리: 우리랑 상관없는 이야기지.

마거릿: 루스, 어서 타요. 여기가 일등실 자리예요.

호클리: 정의가 어쩌고? 그냥 다 소설일 뿐이야.

로즈: 당신은 인간도 아니야.

마거릿: 어서 타요. 자리가 아직 남았어요.

호클리는 구명보트에 탑승하려고 한다.

마거릿: 보트에 타라, 로즈, 어서.

루스: 보트에 타라니까? 로즈?

로즈: 안녕히 가세요, 어머니.

배는 이미 기울어 절반이 가라앉았다. 배에는 아직도 수많은 승객이 남아 비명을 지르고 있다.

미거릿: 이럴 수가……

구명보트에 올라탄 승객 한 명이 차마 이를 보지 못하고 등을 돌리며 눈을 감는다.

end

누구를 구해야 할까?

　타이타닉호가 빙산에 부딪혔습니다. 곧 배는 차가운 바닷속으로 침몰합니다. 이제 승객들은 구명보트를 타러 가야 합니다. 실제로 타이타닉에는 20척의 구명보트가 준비되어 있었습니다. 구명보트 한 척에 60명 정도를 태울 수 있으니 구명보트에 탈 수 있는 인원은 1200명 정도입니다. 그런데 타이타닉에는 총 2200명의 승객과 승무원이 탑승하고 있었습니다. 절반에 가까운 인원이 구명보트를 타지 못하고 죽어야 하는 상황입니다.

　그러면 물어보겠습니다. 누굴 구명보트에 태워야 할까요? 여자? 어린아이? 왜 그렇죠? 여자는 여자니까, 어린아이는 어린아이니까? 타이타닉에서 실제로는 일등실 승객들, 그러니까 돈이 많은 사람들이 먼저 구명보트에 타고 구출되었습니다. 일등실에 있는 사람이 먼저 구출된 이유는 뭘까요? 타이타닉의 구조를 보면 쉽게 이해가 됩니다. 갑판 밑에 객실들이 있습니다. 지하 3층 구조라고 치면, 지하 3층이 삼등실이고, 지하 2층이 이등실, 그리고 지하 1층이 일등실이었던 거죠. 그러니까 지하 3층에 있던 사람들보다 지하 1층에 있던 사람들이 구명보트에 더 빨리 도착할 수 있었기 때문에 일등실 승객들이 많이 살아남았습니다. 또한 실제로 타이타닉 생존자 중에는 여자들이 많았습니다.

　이번 장에서는 존 롤스의 정의론을 살펴보자고 했죠. 진짜로 배가 침몰하면 누굴 먼저 구명보트에 태워야 할까요? 이건 선장의 권한입니다. 선장이 명령할 수 있습니다. 선장이 여자와 아이 들을 먼저 태우라고 하면 여자와 아이 들을 먼저 태워야 하는 거고, 선장이 자기부터 타겠다고 하면 그렇게 하는 겁니다. 타이타닉의 선장은 누구와는 다르게 여자와 어린아이 들을 먼저 태우라고 분명히 명령을 내립니다.

근데 재미있는 일이 벌어집니다. 배의 왼쪽은 1등 항해사가 맡고 있었고, 오른쪽은 2등 항해사가 맡고 있었거든요. 2등 항해사는 선장의 말을 곧이곧대로 적용해 여자와 아이 들만 구명보트에 태웠습니다. 그러다보니 많은 사람을 태우지 못했죠. 정원이 58명인데 28명만 태운 보트도 있었습니다. 여러분, 이런 상황에서도 여자와 아이 들만 태워야 한다고 생각하십니까? 반면에 1등 항해사는 요령이 있었습니다. 여자와 아이 들을 먼저 태우면서도 빈자리가 생기면 남자들도 태웠습니다. 그래서 훨씬 더 많은 사람을 살릴 수 있었습니다.

그런데 타이타닉 사건을 제외하면 대부분의 침몰 사고에서는 젊은 남자가 가장 많이 살아남습니다. 젊은 남자 중에서도 특히 승무원이 많이 살아남습니다. 당연히 승무원들은 배의 구조를 잘 알고 있기 때문에 비상구나 구명보트의 위치를 파악하고 있습니다. 그러니까 비상 상황에서 가장 먼저 구명보트에 도착할 수 있는 겁니다. 실제로 배가 침몰할 때 살 수 있는 방법은 딱 하나, 구명보트에 빨리 타는 겁니다. 그러니 구명보트로 가는 길을 아는 것과 빨리 달려갈 수 있는 젊음과 체력이 중요한 거죠. 실제로는 이렇습니다.

그러면 다시 물어보겠습니다. 구명보트, 누가 먼저 타야 하겠습니까? "잽싸게 뛰어서 먼저 도착한 사람이 타자!" 단순하게 말하면 이게 시장경제 체제입니다. 능력 있는 사람이 먼저 타는 게 곧 시장경제 체제이죠. 반면에 "1등 항해사처럼 현명하게 가급적 많은 사람을 태우는 게 중요해"라고 하는 사람이 있을 겁니다. 바로 공리주의자들입니다.

그런데 우리는 사실 아무도 이렇게 생각하지 않습니다. 시장에서 콩나물을 살 때는 돈이 있는 사람이 사야 한다고 생각하지만, 구명보트에 사람을 태울 때는 수영을 잘하는 젊고 강한 남자를 먼저 태워야 한다고 생각하지는 않습니다. 구명보트에 빨리 도착할 수 있는 젊은 남자 승무원이 가장 먼저 타는 것에 동의할 사람은 아무도 없습니다. 무조건 많은 사람을 태우는 것도 마찬가지입니다. 사실 우린 보통 구명보트에 여자와 어린아이를 먼저 태워야 한다고 생각합니다. 그렇게 주장하는 사람이 바로 존 롤스입니다.

롤스의 정의

롤스는 기본적으로 공리주의를 비판합니다. 실제로 구명보트를 먼저 탈 수 있는 사람은 누구입니까? 젊은 남자 승무원이죠. 그러면 젊은 남자 승무원이 구명보트를 타는 건 뭐가 문제일까요? 왜 우리는 그 경쟁을 잘못되었다고 생각할까요? 타이타닉호의 경우 구명보트에 모든 사람이 탈 수 없었습니다. 그러면 누군가는 어떤 방법으로든 경쟁에서 이겨서 구명보트를 탈 테고, 다른 누군가는 경쟁에 밀려 타지 못하게 될 겁니다. 롤스의 주장은 이런 상황에서 구명보트를 타지 못한 사람들까지 동의할 수 있는 룰을 만들자는 것입니다. 롤스가 말하는 건 "젊은 남자 승무원이 타는 것은 정의롭지 않다"가 아니라, 누가 타든 일부만 구명보트에 타야 한다면 그 결과를 모든 사람이 받아들일 수 있어야 정의롭다고 할 수 있다는 겁니다.

존 롤스

John Rawls,
1921~2002, 미국
——
코넬 대학교와 MIT
에서 교수 생활을
했으며, 하버드 대
학교 철학과 교수를
지낸 대표적 자유주
의자입니다. 롤스는 1971년 『정의론』을 출판하
며 정의에 대한 자신의 주장을 내놓았습니다.
20세기 영미권 정치철학 분야에서는 빼놓을
수 없는 중요한 학자 중 한 명입니다.

그러면 여러분, 어떻게 결정해야 여러분이 구명보트에 못 타도 받아들일 수 있을까요? 배에 우사인 볼트와 열 살짜리 아이가 타고 있습니다. 둘이 동시에 구명보트로 뛰어간다면 누가 타겠습니까? 당연히 우사인 볼트가 타겠죠. 그런데 이 상황을 열 살짜리 아이가 받아들이겠습니까? 당연히 못 받아들일 겁니다. 그 아이는 이렇게 물어볼 수 있습니다. 우리가 현재 가지고 있는 자연직, 사회적인 조건들을 모두 버리고 다시 태어난다고 가정해 봅시다. 그렇다면 우리가 다시 태어날 때 승무원으로 태어날지, 승무원이 아닌 사람으로 태어날지 모른다면, 승무원이 먼저 타는 것에 동의할 수 있을까요? 못합니다. 이해하시겠죠? 우사인 볼트로 태어날지, 열 살짜리 꼬마로 태어날지 모르면 빨리 도착하는 사람이 구명보트를 타는 데 동의하지 못합니다. 다음에 태어날 때 젊은이로 태어날지, 노인으로 태어날지 모르면 젊은 사람이 먼저 타는 결과를 받아들이지 못합니다. 남자로 태어날지, 여자로 태어날지 모른다면 남자가 먼저 구명보트에 타는 것을 받아들일 수 없습니다.

그래서 롤스가 말하는 게 바로 '무지의 베일'입니다. 서로를 모르는 상태라면, 즉 내가 승무원으로 태어날지, 남자로 태어날지, 누구로 태어날지 모르는 상태라면 여자와 어린아이를 먼저 태우자는 데 동의할 수 있으리라는 겁니다. 배가 침몰할 때 일반적으로 누가 살아남을 확률이 높습니까? 젊은 남자 승무원이 수영도 더 잘할 테고, 따라서 살아남을 확률이 높습니다. 그러니까 일단 먼저 죽을 것 같은 여자와 어린아이를 우선 보호하자는 겁니다. 이런 이들을 롤스는 사회적 소수자, 약자라고 합니다.

이게 바로 '무지의 베일'입니다. 내가 다음에 여자, 어린아이, 승무원이 아닌 사람으로 태어날 가능성을 염두에 두고 있다면, 모든 사람이 그 사람들을 먼저 보트에 태우고 나머지 사람들은 달리 삶을 도모하는 것이 올바르다는 원칙에 동의하리라는 겁니다.

이에 따라 롤스는 공리주의의 '최대 다수의 최대 행복'을 뛰어넘어 사회적 소수자에게 우선 배려를 하는 것이 진정한 정의의 원칙에 가깝다고 주장했습니다. 그러므로 서로가 서로를 모르는 상태에서 맺는 것이 진정 정의로운 사회계약이라고 말합니다.

> 공리주의 원리로는 여자와 아이 같은
> 사회적 약자나 개인의 희생에 대해서는
> 실질적인 대안을 줄 수 없네!

앤드루
Says

롤스의 정의의 원칙과 공리주의

공리주의

- 도덕의 원리: 최대 다수의 최대 행복.
- 최대한 많은 사람에게 행복을 가져다주는 것이 올바른 것이라고 주장.
- 문제점: 사회적 소수자나 개인의 희생이 정당화될 수 있음.
  ⇒ 롤스는 사회의 이익을 올바르게 분배하는 정의의 원칙이 필요함을 역설.

롤스의 정의의 원칙의 특징

① 절차적 정의

- 절차의 공정성이 결과의 공정성 또한 보장.

② 원초적 입장 상정

- 자신의 개인적 특성이나 사회에서의 위치를 모르며 서로에게 무관심한 합리적 당사자들이 모든 이에게 적용되는 분배의 원칙을 선택하는 가상적 상황.
- 무지의 베일: 원초적 입장에서 합의 당사자들이 서로의 특수한 사정을 모르게 함으로써 사회적, 자연적 여건들을 자신에게 유리하게 하지 못하는 역할을 함.

I. 빈칸에 들어갈 내용으로 옳은 진술을 하고 있는 사람은 누구일까요?

교사: 민주주의 사회에 적용할 분배 원칙을 설정할 때는 그 원칙을 상정하는 방법을 먼저 생각해보아야 합니다. 그 방법으로는 어떤 것들이 있는지 토론해볼까요?

학생 A: 어떤 사상가는 분배 원칙을 정할 때, 우리 모두가 자신의 개인적 특성이나 사회적 지위를 모르고 서로에게 무관심하지만 합리적으로 생각하는 사람들이라고 가정하는 방법을 써야 한다고 주장했습니다.

학생 B: 왜 그 방법을 써야 한다는 거죠?

학생 A: 그래야만 _____

진기: 자신이 가장 어려운 처지가 될 가능성을 고려하지 않고 평등한 원칙을 정할 수 있다고 보기 때문입니다.

민석: 자기 이익에 따르지 않고 서로 양보함으로써 호혜적 원칙을 정할 수 있다고 보기 때문입니다.

성묵: 누구나 받아들일 수 있는 공정성을 보장하는 원칙을 정할 수 있다고 보기 때문입니다.

대훈: 최대 다수의 최대 행복을 추구하는 최고의 원칙을 정할 수 있다고 보기 때문입니다.

유민: 각자의 필요에 따른 분배를 충족하는 원칙을 정할 수 있다고 보기 때문입니다.

해설

A 학생이 말하는 "우리 모두가 자신의 개인적 특성이나 사회적 지위를 모르고 서로에게 무관심하지만 합리적으로 생각하는 사람들이라고 가정하는 방법"이 바로 롤스의 무지의 베일입니다. 그러니까 다섯 명 중에서 무지의 베일과 관련된 롤스의 주장을 찾으면 됩니다.

진기는 자신이 가장 어려운 처지가 될 가능성을 고려하지 않는다고 했는데, 롤스의 주장은 이와 반대입니다. 자신이 가장 어려운 처지가 될 가능성을 고려해야 합니다. 간단히 예를 들어보겠습니다. 제가 내일 어떤 사람과 함께 영어 시험을 보기로 했습니다. 영어 시험 성적이 더 나은 사람이 하버드 대학으로 공짜 유학을 갈 수 있습니다. 시험을 봐서 이기는 사람은 하버드 대학에 가고, 지는 사람은 못 가는 겁니다. 그러면 지는 사람은 섭섭하겠죠. 그래서 둘이 룰을 정하는 겁니다. 예를 들면 이긴 사람이 하버드에 가는 대신 떨어진 사람을 위해서 1000만 원의 위로금을 주는 계약을 맺기로 하는 겁니다.

그런데 만약 내일 시험을 보러 오는 친구가 전교 꼴등이라고 합시다. 영어 시험을 봐서 10점을 넘어본 적도 없습니다. 그럼 저는 이 계약에 동의할까요? 당연히 동의하지 않습니다. 무조건 제가 시험을 잘 볼 텐데 뭐하러 1000만 원을 그냥 주겠습니까? 그냥 저만 하버드에 가면 되죠.

반대로 함께 시험을 보는 친구가 전교 1등이라면? 게다가 미국에서 10년간 살다 온 친구라면 저는 이 계약에 동의할까요? 당연히 하겠죠. 하버드는 못 가더라도 시험 한 번만 보면 1000만 원이 생기잖아요. 그런데 이 계약은 성립이 될 수가 없습니다. 이번에는 전교 1등인 아이가 안 하지 않겠습니까?

그렇다면 위로금 1000만 원을 주는 계약은 어떻게 해야 성립이 되겠습니까? 내일 시험에 전교 꼴등이 나올지, 전교 1등이 나올지 몰라야 가능합니다. 만약 전교 1등이 나오면 제가 가장 어려운 처지가 될 가능성이 있는 거죠. 그러니까 자신이 어려운 처지가 될 가능성을 고려하고 원칙을 정해야 합니다. 진기의 진술은 롤스의 주장과는 맞지 않습니다.

민석은 "자기 이익에 따르지 않고 서로 양보"한다고 말합니다. 그런데 위 예에서 저는 양보한 게 아닙니다. 저는 하버드 대학에 가려고 하는 겁니다. 또 하버드에 못 가더라도 1000만 원을 받으려고 하는 겁니다. 그러니까 저는 제 이익을 위해서 움직이는 거죠. 따라서 민석의 진술도 잘못된 것입니다.

성묵의 진술이 맞습니다. 이렇게 약속되어야만 시험에서 떨어지더라도 동의할 수 있는 거죠. 구명보트를 못 타더라도 사회적 약자를 우선 태우자는 데 왜 동의를 합니까? 내가 사회적 약자일지 아닐지 모르니까. 그러므로 공정성을 보장하는 원칙이 있다면 그 결과는 받아들일 수 있습니다.

대훈이 말하는 최대 다수의 최대 행복은 공리주의 이야기이고, 필요에 따라 분배하자는 유민의 진술은 사회주의, 마르크스의 이론입니다. 롤스는 자유주의자죠.

Ⅱ. 롤스의 정의론에 대한 질문에 이어진 대답들입니다. ○, ×를 판단하세요.

> **원초적 입장**: 정의의 원칙을 도출하기 위해 무지의 베일로 조건화된 순수한 가상적 상황.
>
> **Q**: 원초적 입장에 있는 사람들은 어떠한 사람으로 가정될까요?

1. 이기심을 바탕으로 상호 협동한다. (   )
2. 동정심을 베풀며 이기적이지 않다. (   )
3. 자신의 천부적 자질을 알고 적극 발휘한다. (   )
4. 공동체에 기여하고자 자신의 사회적 지위를 활용한다. (   )
5. 다른 사람들을 시기하지 않는다. (   )

정답: 1.○ 2.× 3.× 4.× 5.○

해설

롤스는 이타심이 아니라 이기심이 필요하다고 봤습니다. 앞의 해설에서 저는 하버드에 가거나 혹은 못 가더라도 1000만 원을 받으려는 마음으로 움직였습니다. 이기심을 바탕으로 한 거죠. 그러니까 1번은 ○입니다. 제가 1000만 원 계약을 맺는 건 동정심에서가 아니라 합리적으로 행동하는 겁니다. 그러니까 2번은 ×입니다. "자신의 천부적 자질을 알고" 또한 아니죠. 자기가 어떤 자질이 있는지 몰라야 합니다. 누구인지 몰라야 정의로운 계약이 성립되므로 3번도 ×입니다. 공동체에 기여하는 것도 아니죠. 하버드와 1000만 원 계약은 누굴 위한 겁니까? 나 자신을 위한 거죠. 4번은 ×입니다. 5번의 경우, 다른 사람을 시기하려면 그 사람에 대해서 알아야 합니다. 영어 시험에 전교 1등이 나올지, 꼴등이 나올지 모르는데 어떻게 시기하겠습니까? 그래서 5번은 ○입니다.

영화 〈타이타닉〉과 관련해서는 하고 싶은 이야기가 많습니다. 재미있는 내용도 많고요. 그래서 뒤에 〈타이타닉〉이 한 번 더 나옵니다. 여기서는 롤스의 정의론을 설명하기 위해서 내용을 살펴봤지만, Part 3에서는 타이타닉호 사고와 관련된 흥미로운 이야기를 해보겠습니다.

〈레미제라블〉로 본
정의

★

레미제라블 Les Misérables (2012)
감독: 톰 후퍼
출연: 휴 잭맨, 앤 해서웨이, 러셀 크로, 어맨다 사이프리드, 헬레나 보넘 카터, 사차 배런 코언

교도관: 수감번호 24601, 넌 가석방되었다. 그게 무슨 뜻이냐면……

장 발장: 그래, 내가 자유란 뜻이지.

교도관: 아니, 이 가석방 증표는 수치스러운 것. 넌 영원히 그걸 확인하게 될 거다. 넌 위험인물이야.

장 발장: 빵 하나를 훔쳤을 뿐이오. 굶주림에 죽어가는 누이와 조카를 위해서였소.

교도관: 또 굶주리게 될 거다. 법의 의미를 모른다면……

장 발장: 지난 19년의 의미는 알지. 난 법의 노예였소.

교도관: 5년은 네가 한 짓 때문에, 나머지는 탈옥하려 한 대가다. 안 그래, 24601?

장 발장: 내 이름은 장 발장이오!

교도관: 난 자베르! 내 이름을 잊지 마라. 날 잊지 마라, 24601!

재소자들(노래): 고개 숙여! 고개 숙여! 넌 영원히 노예야.

　　　　　　　고개 숙여! 고개 숙여! 여기가 네 무덤이야.

출소한 장 발장은 고향을 향해 길을 떠난다.

남자: 신분증 좀 봅시다. 신분증!

장 발장: 따뜻하게 자고 싶을 뿐이오. 제발……

남자: 나가!

먹지도, 제대로 쉬지도 못하던 장 발장은 한 주교를 만나게 되는데……

주교:　들어오게, 지친 자여! 밤바람이 차갑네. 우리네 삶은 험난하
　　　　지만 가진 걸 함께 나누면 되지. 활기를 찾게 해줄 포도주와
　　　　기운을 내게 해줄 빵도 있네. 침대에 누워 아침까지 푹 쉬게.
　　　　고통과 부당함은 모두 잊고……

장 발장은 허겁지겁 음식을 먹기 시작한다.

주교:　일용할 양식에 축복을…… 수녀님들과 우리의 손님에게도.

모두 잠든 밤, 장 발장은 성당의 은식기들을 훔쳐 달아난다. 하지만 이내 경
찰에 잡혀 다시 성당으로 끌려온 장 발장.

경찰:　끌고 가, 무릎 꿇어! 가만히 있어! 주교님, 은식기를 찾았습니
　　　　다. 이자가 가지고 있더군요. 주교님이 주셨다고 거짓말을 하
　　　　고 있습니다.

주교:　이자의 말이 맞네. 그런데 서둘러 떠나느라 정신이 없었나보
　　　　네. 은촛대를 잊었더군. 가장 값나가는 것인데. 경관, 풀어주
　　　　게. 이자의 말이 맞아. 염려에 감사하네. 신의 축복이 그대와
　　　　함께하길. 하지만 기억하게, 형제여. 이로써 새 삶을 시작하
　　　　게나. 나의 소망을 부디 헤아려주시게. 경관에게 거짓말을
　　　　해서는 안 된다는 것과 절망에 빠져 죄를 저지른 자네를 구

하는 것 모두 중요하지만, 내가 갈등 속에서 그대를 택했으니 이제 스스로 그 어둠 속에서 나오시게.

그렇게 주교의 은혜를 입은 장 발장은 새로운 삶을 시작하여 덕망 높은 인물이 되었으나, 세상은 여전히 혼란스럽고 대다수의 시민은 하루하루 힘겨운 삶을 지속한다.

1832년 파리. 신호에 맞춰 어린아이들이 식당으로 뛰어들어가 음식을 훔쳐 달아난다.

시민들(노래):　　　고개 숙여! 엎드린 거지들을 보라!

고개 숙여! 자신의 탐욕을 보라!

고개 숙여! 거리엔 온통 거지들!

고개 숙여! 가엾은 이들을 보라!

음식을 훔쳐 달아나던 가브로슈가 귀족의 마차 위로 뛰어오른다.

가브로슈:	안녕? 내 이름은 가브로슈! 이곳은 우리의 삶의 터전! 눈여겨
볼 것도, 값비싼 것도 없지만 이곳이야말로 나의 학교! 진정
한 정의가 무엇인지 고민하게 해. 돈 많고 명예를 좇는 게 전
부인 너에겐 아무런 가치가 없어 보이겠지만. (거리에 모인 시민
들을 향해) 가난해서 힘든가요? 자유롭지 못한가요? 날 따라
와! 따라와!

시민들(노래):	고개 숙여! 엎드린 거지들을 보라!
고개 숙여! 자신의 탐욕을 보라!
고개 숙여! 거리엔 온통 거지들!
고개 숙여! 가엾은 이들을 보라!

가브로슈:	사회적 약자가 행복한 사회가 정의로운 사회라고 롤스 아저
씨는 말했지. 하지만 지금은 가난한 이들이 계속 가난해. 사
회적 우연성과 운이 지배하는 사회지. 이게 정말 자유를 위
해 싸운 나라야? 정신을 차리고 다시 찾아나가야 해! 이건
평등에 관한 문제라고. 모든 사람은 죽을 때까지 평등해야

해! 정의는 실현되어야 해! 기회를 잡아야 해! 소수만이 아닌 모든 사람을 위해!

앙졸라와 마리우스가 시민들 앞에 선다.

앙졸라, 마리우스(노래): 고개 숙여! 다시 진정한 정의를 위해!

　　　　　　　　　　고개 숙여! 가엾은 이들을 보라!

시민들:　언제 끝날까? 언제 새 사회가 올까? 변화가 필요해! 조치가 필요해! 변화가 올 거야!

앙졸라:　이 땅의 지도자들은 어디 있는가? 이 아픔의 연출가는 어디 있나?

마리우스:　민중을 대변할 수 있는 사람이 있는가? 우리의 아픔과 고통을 헤아리는.

앙졸라:　혁명을 통해 정의로운 사회로 나아가자!

마리우스:　덕 있는 자가 지배하는 사회! 도덕적이고 능력 있는 사람이 이끌어가는 사회!

앙졸라:　사회의 소수자들이 행복한 사회!

시민들:　그런 사회를 위해 바리케이드를 칠 거야!

경찰이 나타나자 앙졸라와 그랑테르가 황급히 자리를 뜬다.

마리우스:　내일 이곳에서 집회가 있습니다!

할아버지:　마리우스!

마리우스: 할아버지!

할아버지: 네가 뭘 하는지 알고나 있느냐? 네 행동이 보편타당한 법칙에 맞는다고 생각하느냐?

(혁명 전날)

장 발장: 하루만 지나면 또다시 운명이 바뀌네. 정의로운 사회를 향한 끝없는 여정. 우리가 고민하길 멈추면 이 고통은 계속될 거야.

마리우스: 코제트에게 영원히 함께하겠다고 한 약속을 지키는 것이 할아버지 말씀처럼 보편타당한 법칙에 맞는 거겠지.

장 발장: 하루만 지나면.

코제트: 내일이면 많은 것이 바뀌기 시작할 거야.

마리우스, 코제트: 겨우 내 사랑을 찾았는데

에포닌: 내일이라고 뭐가 바뀔까?

마리우스, 코제트: 다시 만날 수 있을까?

에포닌: 소수자에게도 새로운 사회가 희망일까?

마리우스, 코제트: 나의 진정한 사랑.

에포닌: 우린 어떤 의미에서 항상 소수자라는 것을.

마리우스, 코제트: 하지만 내일이면 우린 헤어질 거야.

에포닌: 많은 사람들이 잊어버리네.

앙졸라: 많은 사람의 행복과 이익을 위해선

마리우스: 구체적인 상황에서 도움을 주지 못하는 정언명령과

앙졸라: 마땅히 희생해야 돼.

마리우스: 결과만을 중요시하는 공리주의보다

앙졸라: 우리들의 희생은

마리우스: 나와 함께하는 사람들이 요구하는 가치가 더 중요해.

앙졸라: 더 큰 행복을 위해 기꺼이 옳은 일.

시민들: 때가 왔다. 날이 밝아온다!

장 발장: 하루만 지나면!

자베르: 혁명의 싹을 깨끗이 잘라내리라! 낭자한 피로 학생들을 적시리라!

장 발장: 하루만 지나면!

도둑 부부: 모두가 미친듯이 날뛰고 있어. 이럴 때가 기회지. 닥치는 대로 훔치는 거야. 어차피 모두 죽어버리지 않겠어?

시민들: 새 아침이 밝아온다! 자유의 깃발을 높이 들어라! 모두가 왕인 세상! 승리의 날이 밝았다! 승리는 우리의 것! 사람들의 노래가 들리는가?

마리우스: 내 자리는 여기! 함께 싸우겠네!

장 발장: 하루만 지나면……

자베르: 학생들 틈에 잠입하리라. 새로운 세상은 누굴 위한 것일까? 반역하는 자들은 모조리 없애야 해. 차별은 또 발생하지 않을까?

장 발장: 하루만 지나면!

시민들: 내일이면 그를 영원히 잃을 수도 있겠지. 그들의 희생이 정말
         옳은 길일까? 내일이 바로 심판의 날! 내일이면 우리는 하늘
         의 뜻을 알게 되겠지. 하루가 더 지나면, 오늘이 지나면, 내
         일이 오면.

라마르크의 장례식 행렬.

시민들: 민중의 노래가 들리는가? 성난 민중들의 노래. 다시는 노예
         가 되지 않으려는 사람들의 음악. 심장박동이 북소리로 가득
         해지면 내일과 함께 새 삶이 시작되지. 우리와 함께하겠나?
         내 옆을 굳게 지키겠나? 그대가 염원하는 세상이 바리케이드
         너머에 있네. 자유로울 권리를 획득하리니 함께 싸우자!

앙졸라가 행렬 앞으로 나가 빨간 깃발을 흔든다. 시민들이 무리를 이탈해 하
나씩 뛰어들어간다. 이내 행렬은 시민들이 점거하고 곳곳에서 빨간 깃발이
나부낀다.

시민들: 민중의 노래가 들리는가? 성난 민중들의 노래. 다시는 노예
         가 되지 않으려는 사람들의 음악. 심장박동이 북소리로 가득
         해지면 내일과 함께 새 삶이 시작되지. 우리 깃발이 전진하도
         록 총력을 다해주겠나? 무너질지 생존할지 모르는 운명에 자
         신을 맡기겠나? 청년들의 피가 프랑스 초원을 물들이리니!

민중의 노래가 들리는가? 성난 민중들의 노래. 다시는 노예가 되지 않으려는 사람들의 음악. 심장박동이 북소리로 가득해지면 내일과 함께 새 삶이 시작되지.

경찰이 나타나자 행렬 가장 높은 곳에 있던 앙졸라와 마리우스가 총을 겨눈다.

경찰: 무장!

곳곳에 숨어 있던 경찰이 시민들에게 총을 겨눈다. 총이 발포되고 구경하던 시민이 총에 맞아 쓰러진다.

시민 1: 그냥 일반인이잖아!
시민 2: 살인자들!

성난 시민들이 총을 쏜 경찰을 끌고 간다. 경찰은 시민들을 향해 또다시 발포한다.

경찰: 돌격!
마리우스: 오른쪽 조심해!

앙졸라가 총으로 말에 탄 경찰 한 명을 쏜다.
이내 파리 시내에서 시위대와 경찰의 전투가 벌어지고⋯⋯

앙졸라:　바리케이드로 가자!

시민들이 힘을 모아 바리케이드를 쌓기 시작하고, 경찰과 싸우던 시위대는 그곳으로 일제히 달려간다. 시민들은 시위대가 바리케이드를 칠 수 있도록 집안의 가구들을 밖으로 던져준다. 그 틈에는 자베르가 있다.

앙졸라:　이렇게 많은 사람이 도와주다니. 그래도 방심하면 안 돼!
자베르:　내가 저들을 염탐하겠네. 그들의 움직임을 아니까. 한때 저들과 전쟁에 참여했었지. 예전에, 그러니까 젊었을 적에.
시위대:　시민들이 뭉치고 있어. 그 말이 맞길 기도하지. 비록 매우 춥고 벼룩이 물어뜯겠지만!

시위대 중 한 명이 자베르에게 총을 건넨다.

시위대:　우리는 옳은 일을 하는 거야!
앙졸라:　적색은 분노한 자들의 피!
시위대:　흑색은 암흑 같은 지난날! 적색은 곧 다가올 새벽! 흑색은 마침내 끝날 밤!

end

칸트의 의무론

빵 하나를 훔쳤다는 이유만으로 19년간 감옥살이를 했던 장 발장. 영화 〈레미제라블〉을 통해서 미리엘 주교, 가브로슈, 마리우스와 앙졸라를 정의론의 관점에서 살펴보겠습니다. 지금까지 살펴본 윤리 사상의 집합이라고도 할 수 있습니다.

장 발장이 세상에서 제일 싫어할 것 같은 철학자는 바로 이마누엘 칸트입니다. 이유는 간단합니다. 장 발장은 빵을 훔쳤습니다. 그 훔친 빵을 팔아서 부자가 되려고 했습니까? 배고픔에 허덕이는 조카들을 살리기 위해서 빵을 훔쳤던 겁니다.

그런데 칸트라면 자베르와 같은 일을 했을 겁니다. 장 발장을 처벌하죠. 도둑질이라는 잘못된 행위를 처벌하는 것을 판사의 도리이자 의무로 여기는 사람들이므로, 이유가 어찌되었든 장 발장의 행위는 처벌받아야 한다고 생각합니다. 장 발장은 불쌍한 사람입니다. 하지만 불쌍하다는 감정의 논리에 치우치면 안 됩니다. 감정은 도덕 판단의 기준이 될 수 없다는 게 칸트의 입장입니다. 도둑질을 하면 안 된다는 정언명령을 위반했기 때문에 장 발장은 처벌받아야 합니다. 그래서 19년간 감옥살이를 한 겁니다.

그러나 장 발장은 칸트의 가르침대로 자신을 처벌한 그 사람을 용서할 수가 없습니다. 그래서 계속 탈옥을 시도합니다. 장 발장은 결코 선한 사람이 되지 않습니다. 이때 장 발장을 구할 사람이 나타납니다. 바로 미리엘 주교입니다. 배고프고 따뜻하게 잠을 잘 곳조차 없는 장 발장을 성당으로 데려가 음식을 주고 잠도 재워줍니다. 그런데 장 발장은 그곳에서 은식기를 훔쳐서 도망갑니다. 그러나 경찰에게 잡혀서 다시 주교 앞에 나타납니다. 이때 주교가 말합니다. "이것들은 제가 장 발장에게 준 겁니다." 그 순간 장 발장의 눈에서는 뜨거운 눈물이 흘러내립니다. 그리고 장 발장은 새 삶을 시작하게 됩니다.

참성직자 같아 보이는 미리엘 주교도 칸트가 보기에는 절대 용서할 수 없는 사람입니다. 가장 도덕적이어야 할 성직자가 거짓말을 했으니까요. 칸트는 선의의 거짓말도 안 된다고 한 사람입니다. 거짓말을 했다는 것 자체가 도덕적 의무, 윤리에 위배되기 때문에 처벌받아야 된다고 생각했습니다. 칸트가 볼 때 장 발장은 감옥살이를 19년이 아니라 190년은 해야 하고, 미리엘 주교는 주교 자격을 박탈당하고 장 발장과 마찬가지로 감옥에 가야 합니다. 그런데 이게 과연 올바른 일일까요?

칸트의 의무론에는 중대한 문제점이 있습니다. 명확한 원칙을 세우고자 했던 칸트의 정언명령은 현실에서는 무력할 뿐입니다. 미리엘 주교는 고민했을 겁니다. 거짓말을 하지 말라는 정언명령을 따를 것인지, 아니면 이웃을 사랑해야 한다는 정언명령을 따를 것인지를 두고 심한 내적 갈등을 겪었을 겁니다. 이처럼 칸트의 도덕법칙은 두 개의 정언명령이 충돌했을 때 너무도 무력합니다. 현실적인 대안을 줄 수가 없습니다. 그렇기에 비현실적이고 장 발장을 구원할 수 없는 칸트의 도덕 사상을 미리엘 주교는 받아들일 수가 없습니다. 이것이 바로 미리엘 주교를 통해서 배우는 칸트의 윤리 사상입니다. 칸트의 도덕 사상이 현실에서는 무력해질 수 있다는 것, 두 개의 정언명령이 충돌할 때는 의미가 없다는 것을 기억합시다.

경관에게 거짓말을 해서는 안 된다는 것과
절망에 빠져 죄를 저지를 자네를 구하는 것 모두
중요하지만, 내가 갈등 속에서 그대를 택했으니
이제 스스로 그 어둠 속에서 나오시게!

칸트의 의무론

- 행위의 결과보다 동기를 중요시함.
- 정언명령이 동기가 된 행위만이 진정한 도덕적 행동.
  (정언명령: 어떠한 조건도 붙지 않는 그 자체가 목적인 도덕적 명령.)
- 한계: 정언명령끼리 충돌할 경우 구체적인 지침을 제공하지 못함.

롤스의 이상사회

제가 〈레미제라블〉을 보면서 실제로 울었던 장면이 있습니다. 책을 보면서도 울었고, 영화를 보면서도 울었습니다. 꼬마 친구 가브로슈가 혁명의 전선에서 무기를 찾으러 가다가 총에 맞아 죽는 장면이었습니다. 정말 뜨거운 눈물을 흘리면서 공감했죠.

가브로슈는 혁명에 나섭니다. 그러다 죽습니다. 이 어린 친구가 혁명에 나섰던 이유는 뭘까요? 가브로슈는 가난에서 벗어날 수가 없었습니다. 우리는 누구나 가브로슈가 계속 저렇게 가난하게 살아서는 안 된다고, 그건 정의롭지 못하다고 생각합니다.

왜 그렇습니까? 바로 가난이 부모 때문에 결정되어서는 안 된다고 생각하기 때문입니다. 우리는 보통 가난한 사람의 존재 자체를 문제삼지는 않습니다. 게으르고 건방지고 소송이나 일삼고 남을 모함하는 사람들은 가난하게 살아도 된다고 생각합니다. 하지만 열심히 노력해도 가난할 수밖에 없는 사람들, 앞에서 말한 사회적 약자들이 가난한 부모 밑에서 태어났다는 이유만으로 또는 선천적 능력이 부족하기 때문에 가난한 것은 문제라고 생각합니다.

지적 장애를 겪는 친구가 있습니다. 그 친구가 가난하게 사는 것이 정당할까요? 그렇지 않습니다. 부모에게서 물려받은 사회적 우연성, 그리고 그가 타고난 선천적인 능력에 따라 가난과 부가 결정되어서는 안 된다는 겁니다. 이게 바로 롤스의 주장입니다.

롤스의 생각은 간단합니다. 선천적인 능력이나 사회적 배경, 즉 우연적 요인에 따라 가난이 결정되면 안 된다는 겁니다. 가난이 있으면 안 된다는 말이 아닙니다. 롤스도 사회적 불평등은 있어야 한다고 말합니다. 하지만 그것은 철저하게 그 사람의 후천적 노력에 의해서만 평가받아야 한다는 거죠. 이것이 바로 롤스가 꿈꾼 정의로운 사회입니다.

우리 모두가 이 개념을 가슴에 품고 있습니다. 우리는 롤스처럼 복지국가를 꿈꿉니다. 지적 장애가 있어도 가난하지 않은 나라, 부모가 가난하다는 이유로 자식도 가난하게 살지 않게 되는 사회를 꿈꾸는 겁니다. 이게 바로 복지국가이자 롤스가 꿈꿨던 정의가 살아 있는 이상사회입니다.

롤스의 이상사회

- 정의롭지 못한 사회: 사회적 우연성과 운(개인의 선천적 능력, 자질, 집안 등)이 지배하는 사회.
- 정의로운 사회: 사회의 이득이 정당하게 분배되는 사회. 사회적 약자가 행복한 사회.

공리주의

앙졸라가 외칩니다. 실제로 프랑스혁명 때 시민들이 외친 구호가 "우리에게 빵을 달라!"입니다. 빵을 더 만들자는 게 아니라 빵을 달라는 겁니다. 정의는 바로 분배의 문제입니다. 누가 얼마나 가질 것이냐를 두고 정의롭게, 누구나 납득할 수 있게 하는 것입니다.

그럼 왜 우리가 빵을 먹어야 하죠? 귀족들은 창고에 빵이 가득차 있습니다. 마음껏 먹어서 배도 가득차 있습니다. 그 사람은 빵을 더 먹어도 효용이 별로 증가하지 않습니다. 오히려 체하고 구토만 할 뿐입니다. 하지만 민중은 굶주리고 헐벗었습니다. 단 한 조각의 빵으로도 커다란 쾌락과 효용을 그들에게 인겨줄 수 있습니다. 빵을 누가 먹어야 사회적 쾌락이 더 커지 겠습니까? 바로 이것이 공리주의의 핵심입니다.

최대 다수의 최대 행복이라는 말은 일정한 양을 가지고 최대의 효용을 낼 수 있는 배분을 이뤄내자는 뜻입니다. 이게 공리주의적 정의입니다. 그래서 이 공리주의적 정의가 후에 복지국가론에 영향을 줄 수 있는 겁니다.

저도 마찬가지입니다. 강의를 하면서 학생들의 성적을 올리기 위해서 말도 안 되는 옷을 입고, 사자로도 변장해보고, 아바타로도 변장해보고, 슈렉으로도 변장해봤습니다. 어머니가 이런 저를 보시면 슬퍼하실 겁니다. 하지만 저는 이까짓 망가짐 따위는 두렵지 않습니다. 저 하나가 망가져서 학생들이 수능 성적을 올릴 수 있다면, 저 하나가 망가져서 독자 여러분의 상식이 넓어질 수 있다면 얼마든지 할 수 있습니다. 이게 바로 공리주의적 마음가짐입니다.

> 많은 사람의 행복과 이익을 위해서는
> 마땅히 소수는 희생될 수 있어. 우리의 희생은
> 더 큰 행복을 위해 기꺼이 옳은 일!
>
> **앙졸라 Says**

공리주의

- 도덕의 원리: 최대 다수의 최대 행복.
- 결과주의: 행위의 동기보다 결과를 중시.
- 더 많은 행복과 이익을 위해서 어느 정도의 희생은 불가피하다고 봄.

덕 윤리

혁명 전날 마리우스는 결단을 내립니다. 사랑하는 코제트를 두고 고민하지만 결국 마리우스는 앙졸라와 함께 혁명의 바리케이드 위에 섰습니다. 우리는 모두 마리우스가 혁명의 바리케이드 위에 서는 것이 정의롭다고 생각합니다. 여자친구도 버리고, 할아버지도 버리고, 집안의 모든 이권을 포기하고 마리우스가 혁명의 전선에 서는 것이 옳다고 생각합니다. 왜 그럴까요? 칸트 때문에? 공리주의 때문에?

아닙니다. 마리우스는 약속을 어겼습니다. 마리우스는 코제트에게 끝까지 지켜주겠노라고 약속했습니다. 그런데 마리우스는 그 약속을 저버립니다. 칸트의 정언명령을 위반했습니다.

그러면 공리주의 원칙에 따랐습니까? 마리우스 한 명이 더 혁명에 나선다고 결과는 변하지 않습니다. 이미 혁명은 실패하리라는 걸 예감하고 있습니다. 마리우스가 혁명에 참여하든 안 하든 결과는 자명합니다. 공리주의 원칙에 따르면 결과를 바꾸지 못하는 나만의 희생은 사회적으로 고통을 증가시킬 뿐입니다. 마리우스와 코제트, 코제트의 부모, 마리우스의 가족들, 모든 사람의 고통을 증가시킬 뿐이니까요.

그럼에도 불구하고 우리는 마리우스가 혁명 전선에 서는 것이 정의롭다고 생각합니다. 약속을 어겼음에도 불구하고, 결과를 바꾸지 못함에도 불구하고 마리우스의 행동이 정의롭다고 생각합니다. 마리우스는 칸트의 원칙을 따르지도, 공리주의 원칙을 따르지도 않습니다. 그런데 왜 우리는 마리우스의 행동이 정의롭다고 생각할까요?

그것은 바로 마리우스가 속한 혁명 집단, 혹은 프랑스라는 공동체에서

용감하게 총을 드는 덕목이 필요하기 때문입니다. 즉 용기라는 덕목을 실현하는 것이 정의롭다고 생각하는 겁니다. 용기라는 덕목을 실현하는 것, 약속을 지켜야 한다는 칸트의 정언명령도 아니고 결과의 최대 효용성을 보장해야 한다는 공리주의 원칙도 아닌 그 공동체에 부여된 '덕', 즉 용기라는 덕을 실현하는 것이 진정한 정의라고 생각합니다. 이것이 바로 덕 윤리의 출발입니다.

구체적인 상황에서 별 도움을 주지 못하는 정언명령과 결과만을 중요시하는 공리주의보다 나와 함께하는 사람들이 요구하는 가치가 더 중요해!

마리우스
Says

덕 윤리

- 의무와 법칙만을 강조하는 근대 윤리와 달리 인간의 성품과 덕성을 중시.
- 당사자가 속한 공동체의 덕목을 실천하는 사람을 윤리적인 사람으로 봄.

Ⅰ.

이 책의 목적은, 우리가 매일 경험하는 평범한 도덕의식에서 출발하여 그 것의 확실한 기초를 확인함으로써 다시는 섣부른 회의에 빠지지 않게 하 려는 것이다. 저자가 이 책에서 보여주는 인간성의 절대적 가치와 도덕적 자율성에 대한 무한한 신뢰는, 인간에 대한 불신과 좌절에서 빚어진 현대 사회의 도덕적 혼란을 극복하는 하나의 대안이 될 것이다.

제3장 도덕 형이상학에서 실천이성 비판으로 넘어감 / 111
- 자유라는 개념은 의지의 자율성을 설명하는 열쇠이다 / 113
- 도덕성이라는 이념에 붙어 있는 관심에 대하여 / 116
- 정언적 명령법은 어떻게 해서 가능한가 / 125

이 책의 저자는 _____ 이다.
칸트는 행위의 _____ 보다 _____를 중요시한다.

정답: 1. 칸트 2. 결과, 동기

위 책의 입장에서 취할 수 있는 행동으로 옳은 것은 무엇일까요?

1. 공익 증진에 기여하는 선의의 거짓말은 허용되어야 한다.
2. 세계 내의 모든 생명체들을 언제나 목적으로 대우해야 한다.
3. 사회정의 실현이라는 대의명분이 있더라도 자살해서는 안 된다.
4. 범죄 예방과 사회질서 유지를 위해 사형제도를 존속시켜야 한다.
5. 난치병 환자들에게 도움을 주려면 배아 복제를 막아서는 안 된다.

해 설

정언명령이라는 단어만 봐도 칸트의 책이라는 걸 알 수 있습니다. 칸트는 선의의 거짓말도 안 된다고 했습니다. 거짓말은 무조건 하면 안 되는 겁니다. 미리엘 주교도 칸트에게는 용서받을 수 없죠. 그러니까 1번처럼 말할 이유가 없습니다.

두번째, 칸트는 언제 어디서나 나와 다른 사람을 수단이 아니라 목적으로 대우하라고 합니다. 여기서 핵심은 '사람'입니다. 칸트는 동물이나 식물은 수단으로 대우해도 된다고 합니다. 그런데 생명체라는 것은 사람뿐만이 아니라 동물, 식물 모두를 포함한 개념이죠. 그러니까 2번이 칸트의 말에 부합하려면 생명체를 인격 또는 인간으로 바꿔야 합니다.

3번은 맞는 말입니다. 대의명분이 있더라도 '무엇을 위해' 행동했다면 가언명령이 됩니다. 자살을 하는 순간 자기의 생명을 수단으로 대우한 것이 됩니다. 고통에서 벗어나기 위해 자살을 택한 거죠. 내 생명을 고통을 벗어나기 위한 수단으로 대우했습니다. 인격, 인간은 수단으로 대우해서는 안 되기 때문에 3번은 칸트의 주장으로 맞는 말입니다.

4번, "범죄 예방과 사회질서 유지를 위해", '……하기 위해'는 가언명령입니다. 칸트가 받아들일 리가 없습니다. 마찬가지로 5번도 결국 난치병 환자들에게 도움을 주기 위해서 허용해야 한다는 말이니까 가언명령에 해당합니다.

Ⅱ.

> 행복이란 다름 아닌 쾌락이고, 고통이 없는 상태를 의미한다. 사회는 개인의 집합체이므로 개개인의 행복은 사회 전체의 행복과 연결되며, 더 많은 사람이 행복을 누리게 되는 것은 그만큼 더 좋은 일이다.

위 의견은 _____ 의견이다.
공리주의는 _____의 _____을 도덕의 원리로 삼고 있다.

정답: 1. 공리주의 2. 최대 다수, 최대 행복

위의 견해를 근거로 정당화될 수 있는 주장은 무엇일까요?

진기: 약속을 이행하는 것은 인간으로서 당연한 도리이다.
민석: 본인과 가족의 고통을 덜어주기 위해 안락사는 허용되어야 한다.
성묵: 어떤 경우에도 의사는 진단 결과를 환자에게 사실대로 알려줄 의무가 있다.
대훈: 국민 건강의 증진을 위해 금연 구역 확대 정책을 시행해야 한다.

해 설

더 많은 사람이 행복을 누리게 하자는 것은 바로 공리주의입니다. 최대 다수의 최대 행복, 사회적 쾌락의 증진을 말하는 것이 공리주의입니다. 진기의 주장은 칸트가 할 수 있는 말입니다. 약속을 지키는 것은 인간의 도리이자 정언명령입니다. 그러니까 무조건 이행해야 한다고 할 겁니다.

공리주의 입장에서는 안락사가 허용될 수 있습니다. 사회에 가급적 많은 쾌락을 증진시키고 고통을 감소시킬 수 있으면 되는 겁니다. 쾌락주의의 목표는 고통을 회피하는 것입니다. 안락사를 통해서 본인의 고통이 줄고, 가족의 고통이 줄어들어서 얻는 쾌락이 가족 중 한 명이 사망했을 때 얻는 고통보다 크다면, 안락사를 허용할 수 있는 것이 공리주의입니다.

어떤 사람이 말기 암 환자입니다. 3개월도 못 삽니다. 그런데 마음이 약해서 의사가 이 사실을 통보하면 죽을 것 같습니다. 그러나 정확한 진단 결과를 알리는 것이 의사의 도리이자 의무라면 알려야 합니다. 그러니까 성묵의 주장은 공리주의에는 맞지 않습니다. 공리주의 입장에서는 알리는 것이 의사의 의무일지라도 그 결과가 좋지 못하면 알리지 말아야 합니다.

국민건강의 증진을 위해, 흡연자의 흡연권을 보장하는 것보다 비흡연자의 간접흡연을 막는 것이 더 행복하면, 흡연자의 흡연권보다 흡연자의 건강을 지키는 것이 사회적으로 더 쾌락이 증가된다면, 즉 최대 다수의 최대 행복이 지켜진다면 볼 것도 없죠. 공리주의적 답변이 되는 거죠.

그래서 공리주의 입장에서 주장을 펼치는 사람은 민석과 대훈입니다.

Ⅲ. 진기와 민석이 선택할 수 있는 사회와 그 타당한 이유로 옳은 것을 고르세요.

교사 : 어떤 사회가 바람직한 사회라고 생각하나요?
진기 : 선생님! 공리성을 도덕과 입법의 원리로 제시하는 사회입니다.
민석 : 경제적 불평등을 최소 수혜자에게 최대 이익이 되도록 조정하는 사회입니다.

구분	저소득층	중산층	고소득층	총합
사회 1	3	14	5	22
사회 2	4	9	4	17
사회 3	2	15	3	20

* 숫자: 진기는 이익의 정도, 민석은 사회적 가치의 배분 정도

〈보기〉
1. 진기는 〈사회 1〉을 선택할 것이다. 행복의 양이 극대화되기 때문이다.
2. 진기는 〈사회 3〉을 선택할 것이다. 중산층이 획득할 사회적 가치의 양이 가장 많기 때문이다.
3. 민석은 〈사회 2〉를 선택할 것이다. 자신이 사회적 약자일 경우를 고려하기 때문이다.
4. 민석은 〈사회 3〉을 선택할 것이다. 경제적 안정을 선호하는 인간의 심리 때문이다.

해설
공리주의와 롤스를 같이 살펴보는 문제입니다. 먼저 진기는 공리주의 이론을 따르고 있습니다. 공리주의는 사회적 쾌락을 증진해야 합니다. 〈사회 1〉은 저소득층, 중산

층, 고소득층의 이익의 총합이 22입니다. 〈사회 2〉는 총합이 17, 〈사회 3〉은 20입니다. 벤담이라면 뭘 선택하겠습니까? 당연히 사회적 이익의 총합이 큰 〈사회 1〉을 선택하겠죠.

민석은 롤스의 입장입니다. 롤스는 내가 가난하게 태어날 가능성을 염두에 두어야 합니다. 내가 부잣집 도련님이 아니라 성냥팔이 소년일 수 있다는 가능성을 생각해야 합니다. 그러면 누구의 이득이 클수록 좋습니까? 성냥팔이 소년, 저소득층이죠. 〈사회 1〉에서는 성냥팔이 소년이 3을 받습니다. 〈사회 2〉에서는 4를 받고, 〈사회 3〉에서는 2를 받습니다. 그러면 내가 이익이 가장 적은 사람으로 태어나더라도 가장 많은 쾌락을 얻을 수 있는 사회를 선택해야 합니다. 그래서 4를 보장받는 〈사회 2〉가 바로 민석이 선택할 수 있는 사회입니다. 그러니까 보기에서 1번과 3번이 맞습니다.

롤스의 핵심은 내가 애초에 가장 안 좋은 상황에 처했을 수도 있다는 가능성을 염두에 둔다는 겁니다. 그럼 그 안 좋은 환경에 처한 사람의 쾌락이나 사회적, 경제적 대우 등이 괜찮아야 좋은 사회입니다. 저소득층에 대한 가치 배분이 가장 높은 사회가 〈사회 2〉입니다. 따라서 롤스는 〈사회 2〉를 선택해야 하는 겁니다.

공리주의와 칸트, 존 롤스에 대해서는 앞서 〈캐리비언의 해적〉에서도 살펴보고, 〈타이타닉〉에서도 살펴보고, 이번에 〈레미제라블〉에서도 다시 살펴봤습니다. 그만큼 흥미롭고, 수능을 보는 학생들이 아니어도 꼭 알아두어야 할 내용이기에 여러 번 살펴봤습니다. 몇 해 전 마이클 샌델 교수의 『정의란 무엇인가』가 우리나라에서 대유행을 했죠. 그 책에서 자신이 생각하는 정의에 대해 말하기 위해 샌델이 비교하는 것이 바로 칸트와 공리주의, 존 롤스입니다. 이 정도만 알아도 『정의란 무엇인가』를 다시 읽어보면 훨씬 재미있고 쉽게 내용을 이해할 수 있을 것입니다.

7월 혁명과 6월 봉기

영화 〈레미제라블〉은 1832년 6월에 있었던 '6월 봉기' 또는 '파리 봉기'를 다루고 있습니다. 우리에게 많이 알려진 내용은 조카를 위해 빵을 훔친 장 발장이 19년의 감옥살이 후 성당에서 은식기를 훔쳐 달아나지만 주교의 구제로 다시 새 삶을 살아간다는 초반부로, 원제인 '레미제라블'보다 '장 발장'이라는 제목으로 더 유명합니다. 하지만 실제 빅토르 위고의 『레미제라블』은 방대한 분량의 소설로 6월 봉기를 주요 소재로 삼고 있습니다.

실제로 6월 봉기가 시작되었던 1832년 6월 5일 당시 빅토르 위고는 자신의 작업실에서 희곡을 쓰다가 총소리를 들었다고 합니다. 소설은 1862년에 처음 출판되었으며, 장 발장이 석방된 1815년부터 10여 년의 세월 동안 인물들이 변화하는 모습을 그렸습니다.

영화에서 앙졸라가 이끄는 'ABC의 친구들'은 '억압받는 자'라는 뜻의 프랑스어 'abaissé'의 발음이 프랑스어 알파벳 ABC의 발음과 같아 만들어진 단어입니다. 'ABC의 친구들'이라는 단체는 실제로 '인권을 위한 모임'이라는 단체의 하부 그룹을 묘사했습니다.

『레미제라블』은 6월 봉기를 다룬 몇 안 되는 문학작품 중 하나이며, 이 소설 덕분에 6월 봉기가 많은 사람에게 알려지게 되었다는 평가를 받습니다.

6월 봉기는 1789년부터 1794년까지

6월 봉기에서 죽는 에포닌(소설 『레미제라블』 중에서).

일어난 시민혁명인 프랑스대혁명의 연장선상에 있습니다. 프랑스대혁명을 통해 루이 16세와 마리 앙투아네트가 단두대에서 처형되면서 사람들은 혁명이 성공적으로 마무리되었다고 생각했습니다. 하지만 나폴레옹 시대를 거쳐 프랑스에는 다시 왕정이 들어서게 됩니다.

빵을 훔친 장 발장이 감옥에 들어간 시기가 바로 프랑스대혁명 직후입니다. 그리고 19년간 옥살이를 마치고 나온 후 새 삶에 정착한 시기가 바로 7월 혁명과 6월 봉기 즈음입니다.

그렇다면 6월 봉기는 왜 일어난 걸까요? 프랑스대혁명의 일시적인 성공 이후 다시 왕정으로 복귀한 프랑스는 하류층과 공화주의자들을 중심으로 1830년 7월 혁명을 일으킵니다. 하지만 이 7월 혁명도 프랑스대혁명과 마찬가지로 절반의 성공에 불과했습니다. 하층민들의 삶은 여전히 고통스러웠고, 공화주의

들라크루아, 〈민중을 이끄는 자유의 여신〉: 1830년 7월 혁명을 모티프로 자유에 대한 의지를 표현한 그림.

자들이 원하는 세상도 오지 않았습니다. 그 결과 6월 봉기가 일어나게 됩니다.

영화에서 앙졸라와 마리우스는 계속 바리케이드와 혁명을 부르짖습니다. 이것은 6월 봉기가 7월 혁명과 닿아 있음을 보여줍니다. 7월 혁명은 바리케이드를 중심으로 벌어진 혁명인데, 7월 혁명으로 들어선 '7월 왕정'의 루이 필리프는 '바리케이드 왕'으로 불리기도 했습니다.

1. 7월 혁명 Révolution de Juillet

1830년 7월에 일어난 혁명으로, '영광의 3일(Trois Glorieuses)'이라고도 함.

(1) 원인

샤를 10세는 왕권 강화와 군사력 과시를 목적으로 알제리로 해외 원정을 떠난다. 당시 국회위원 선거를 앞두고 선거에서 이기기 위한 조치이기도 했으나, 반대파가 압도적으로 선출된다. 그러자 샤를 10세는 의회를 해산시키고 투표권자를 직접세를 300프랑 이상 내는 30세 이상의 남자로만 한정하는 새 선거법을 통해 다시 선거를 치르고자 한다. 이에 국민들이 7월 28일 파리 시내 곳곳에 바리케이드를 설치하고, 라파예트가 이끄는 공화당원들의 무력 봉기가 일어나면서 혁명이 시작된다.

(2) 결과

7월 혁명의 결과로 온건 자유주의자들은 임시정부를 구성해 루이 필리프를 국왕 대행으로 임명한다. 샤를 10세는 불리한 상황이 지속되자 퇴위를 선언하고 손자에게 왕위를 물려준다. 하지만 혁명군은 샤를의 퇴위만을 승인하고, 루이 필리프가 왕으로 정식 임명된다. 그러나 혁명의 주요 참가자였던 공화주의자들은 여전히 불만을 품고 있었기에 후에 6월 봉기로 이어진다.

(3) 영향

7월 혁명의 결과 '7월 왕정'이라 불리는 왕정이 생겼다. 7월 왕정은 보수적이고 억압적인 성격으로, 결국 1848년 2월 혁명에 원인을 제공한다.

2. 6월 봉기

1832년의 파리 봉기(Insurrection républicaine à Paris en juin 1832)로도 불리며, 1832년 6월 5일부터 이틀간 군주제 폐지를 주장하며 일어난 항쟁.

(1) 원인

7월 혁명으로 샤를 10세가 물러나고 루이 필리프가 즉위했으나 공화주의자들에게는 여전히 왕정이 계속되는 상황이 불만이었다. 게다가 7월 혁명을 주도했음에도 자유주의자들에게 그 공로를 빼앗겼다며 불만을 품는 세력들이 생겨나기 시작했다.

6월 봉기 당시의 모습을 담은 그림.

또한 당시 프랑스는 경제적으로도 피폐한 상황이었다. 1827년부터 계속된 흉작으로 식량이 부족해지고 물가가 상승하면서 전 계층에 불만이 빠르게 퍼져나갔다. 또 1832년 봄에는 전 유럽에 유행한 콜레라로 2만여 명이 사망했다. 특히 하층민들 사이에 정부가 우물에 독을 탔기 때문에 재앙이 발생했다는 루머가 돌았다. 콜레라로 인해 수상인 카지미르 페리에가 5월 16일에 사망했으며, 나폴레옹 휘하의 장군이자 하층민에 비교적 우호적이었던 장 막시밀리앙 라마르크가 6월 1일에 사망했다.

(2) 결과

혁명을 주도한 공화주의자들은 6월 5일 라마르크 장군의 시민 장례 행렬을 틈타 봉기했다. 몇몇 사람들이 영화 속 앙졸라처럼 붉은 깃발을 흔들며 "자유가 아니면 죽음을"이라는 구호를 외치면서 반정부 시위가 시작되었고, 이에 군인들이 발포하면서 점점 커지게 된다.

하루 만에 주동자들이 파리 동쪽 지역의 지도자가 되었으나, 시위대가 뿔뿔이 흩어지면서 실패했다. 그리고 6월 6일 생 메리 수도원에서 마지막 전투가 벌어지는데, 이때 시위대 400여 명이 죽거나 다치면서 사실상 봉기는 끝이 났다.

(3) 영향

주로 노동자들과 영세 자영업자, 점원 들이 참여한 6월 봉기는 실패로 돌아갔다. 그러나 루이 필리프의 왕정은 1848년 2월 혁명으로 무너지고, 제2공화정이 들어선다. 하지만 제2공화정 역시 나폴레옹 3세의 쿠데타로 무너진다.

〈아바타〉로 본 환경윤리

★

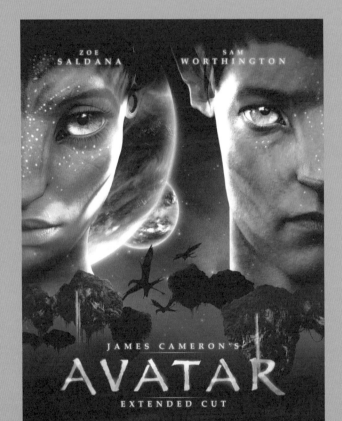

아바타Avatar (2009)

감독: 제임스 캐머런

출연: 샘 워싱턴, 조 샐다나, 시고니 위버, 스티븐 랭

인류의 마지막 희망, 판도라. 그곳은 바로 인류의 대체자원 '언옵테니엄 (Unobtanium)'의 최대 매장지다. 자원 채굴 작전인 '아바타 프로젝트' 제안을 받고 판도라로 떠난 제이크는 그곳에서 나비족 네이티리를 만나 마음의 변화를 겪게 되는데……

쿼리치: 지구의 자원이 모두 고갈되었다. 우리는 이제 판도라로 떠난다. 사실이다. 우리는 그곳에서 인간에게 필요한 대체자원을 가져올 것이다. 자연은 인간을 위해 존재한다. 인간만이 '도덕적 지위'가 있으며, 인간은 자연에 대해 직접적 의무가 없다. 자연은 도구적, 수단적 가치를 지닐 뿐이다.

인간중심주의의 쿼리치와 감정중심주의의 제이크. 자연을 대하는 각자의 입장이 첨예하게 대립한다.

쿼리치: 인간만이 자율적 존재이며 가치를 선택할 수 있어.
제이크: 그건 종차별이에요.
쿼리치: 그렇지 않아. 인간이 모든 가치의 근원이며 다른 생물과 구분되는 유일한 존재지.
제이크: 인간뿐만 아니라 고통을 느끼는 모든 존재는 도덕적 고려의 대상이에요. 한 가지 더요. 그렇기 때문에 인간과 동물을 다

르게 대우하는 건 정당화될 수 없어요.

감정중심주의의 제이크, 생명은 물론 생태계 전체를 보호해야 한다고 주장하는 네이티리를 만나면서 점차 생명중심주의로 변화해간다.

제이크: 인간만이 있는 지위는 없는 거지?

네이티리: 맞아. 인간도 자연의 일부야.

제이크: 나도 인간이 자연보다 우월한 존재라고 생각하지 않아.

네이티리: 자연은 도덕적으로 존중받을 가치가 있어.

제이크: 쾌고감수능력이 있는 존재만이 아니라?

네이티리: 자연 안의 모든 생명은 동등한 권리가 있어.

제이크: 진정해, 좋아, 좋다고. 하지만 식물은 고통을 느낄 수 없어.

네이티리: 너의 생각대로라면 모든 생태계는 보호될 수 없어. 인간과 생태계는 조화를 이루어야 해.

제이크: 인간과 다른 생명체가 도덕적으로 다르지 않다는 거야?

네이티리: 살아 있는 것만이 도덕적 고려의 대상은 아니야.

제이크: 그럼?

네이티리: 물, 공기도 보호되어야지.

제이크: 와! 얘기 좀 하자고.

네이티리를 통해 쾌고감수능력이 있는 존재뿐 아니라 모든 생명체가 도덕적으로 존중받을 내재적 가치가 있는 '도덕적 고려의 대상'이라는 사실을 깨달은 제이크.

자원을 얻고자 하는 인간(인간중심주의)과 자연을 지키고자 하는 나비족(생태중심주의)과의 싸움이 시작되고 파괴된 자연을 보며 네이티리는 슬퍼한다.

제이크: 자연은 인간을 위한 수단적 대상이 아니며, 인간은 자연 전

체에 대해 직접적인 의무를 져야 합니다. 나는 그들과 자연의 깊은 교감을 이해하려고 노력합니다. 그녀는 항상 세상 만물에 흐르는 에너지의 흐름을 이야기하며 모든 에너지는 잠시 빌린 것일 뿐 언젠가는 돌려줘야 한다고 합니다.

`end`

윤리 행위의 고려 대상

이번에는 영화 〈아바타〉를 통해 환경윤리를 살펴보도록 하겠습니다. 어렵게 표현하면 인간중심주의, 감정중심주의, 생태중심주의라고 하는데, 우리가 생각해볼 문제는 이런 용어들이 아니라 '과연 윤리 행위의 고려 대상이 어디까지인가?'입니다.

윤리 행위의 고려 대상은 명확하게 네 가지 기준으로 봐야 합니다. 하나는 인간까지만 고려할 것이냐, 두번째는 감정을 느낄 수 있는 동물까지 볼 것이냐, 아니면 식물까지 볼 것이냐. 식물까지 본다는 것은 살아 있는 모든 생명체를 다 고려한다는 말이 되겠습니다. 마지막으로 흙, 물, 불까지 포함하는 지구상 혹은 우주에 존재하는 모든 물질을 윤리 행위의 고려 대상으로 볼 것인가의 네 가지 기준으로 나누는 겁니다. 장황한 고민 같지만 대단히 중요한 문제입니다.

인간까지만 고려하는 윤리 사상의 대표는 칸트입니다. 앞에서도 말씀드렸던 것처럼 칸트는 인간은 수단으로 삼을 수 없지만, 동물이나 식물은 수단으로 삼아도 된다고 봤죠. 동물까지 윤리 행위의 고려 대상으로 생각한 사람의 대표는 피터 싱어입니다.

그다음은 모든 생명체를 다 존중해야 한다는 입장으로 서양에는 슈바이처가 있습니다. 모든 생태학적 대상, 즉 흙, 물, 불까지 다 고려해야 한다는 건 최근 20세기 후

피터 싱어
Peter Singer,
1946~,
오스트레일리아

———

쾌고감수능력에 따른 감정중심주의 입장을 견지한 철학자이며 실용윤리의 전문가입니다. 세계시민주의에 기반하여 해외원조 활동을 강조하기도 하는 피터 싱어는 저서 『동물 해방』으로 잘 알려져 있습니다. 현재 미국 프린스턴 대학교의 생명윤리학과 교수입니다.

알베르트 슈바이처

Albert Schweitzer,
1875~1965, 프랑스

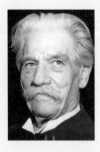

의사, 철학자, 목사인
슈바이처는 '생명에
대한 경외'라는 고유
한 철학이 인류의 형
제애를 발전시키는
데 기여한 공로를 인정받아 1952년 노벨평화
상을 수상했습니다.
어린 시절부터 가난한 농부가 대부분이었던
친구들과, 아프리카 사람들의 비참한 삶에 대
해서 자주 설교했던 아버지의 영향으로 가난
한 사람들에게 관심을 보였던 슈바이처는
1912년 의사 시험에 합격한 후 이듬해 프랑스
령 적도 아프리카(현재의 가봉)에서 의료 봉
사활동을 시작했습니다.
이후 1965년 사망하기까지 아프리카에서 병
원을 운영했고, 병원 운영비 모금 활동을 위해
연주회와 책 집필, 강연 등의 활동을 했습니
다. 1957년에는 핵무기에 반대하는 반핵운동
을 전개하기도 했습니다.

반에 들어서 생겨난 급진적 생태주의자들의 입장입니다. 그런데 동양에서는 이미 2000년 전에 도가 사상이 이를 반영한다고 할 수 있습니다.

간단히 말해 칸트냐, 싱어냐, 슈바이처냐, 도가냐를 구별하는 겁니다. 쉽지 않은 문제입니다. 실제로 수능에서 이와 관련된 문제가 반드시 출제되기 때문에 힘주어서 수업을 하는데, 학생들이 특히 어려워하는 분야 중 하나입니다. 왜 어려워할까요? 우리가 이분법적 사고와 공부에 익숙하기 때문입니다. 인간중심주의와 자연중심주의, 환경파괴와 환경보호와 같이 이분법적으로 사고하기 때문에 어렵게 느끼는 겁니다.

네 가지 관점에서 바라봐야 합니다. 동물을 보호해야 합니다. 인간까지만 윤리 행위의 고려 대상으로 본 칸트도 동물을 함부로 해쳐서는 안 된다고 했습니다. 이는 칸트가 동물 자체를 소중한 생명체로 여겼기 때문이 아닙니다. 동물을 자꾸 해치다보면 인간성이 파괴되어 결국 인간에게 해가 되기 때문에 안 된다는 겁니다. 동물 자체가 문제가 되는 건 아닙니다.

동물을 함부로 해쳐서는 안 된다는 주장은 피터 싱어, 슈바이처, 그 외의 사람들도 다 공통적입니다. 하지만 이유가 조금씩 다릅니다. 피터 싱어는 동물에게 쾌고감수능력이 있기 때문에 해쳐서는 안 된다고 합니다. 동물도 쾌락과 고통을 느낄 수 있기 때문에 함부로 때리거나 죽여서는 안 된다는 거죠. 슈바이처는 살아 있는 생명 그 자체이기 때문에 안 된다고 합니다. 생태주의자는 동물도 생태계를 구성하는 한 구성원이기 때문에 안 된다고 하죠. 똑같이 동물을 해쳐서는 안 된다고 말하지만, 그 이유는 네 가지 관점이 각기 다릅니다.

이 네 가지 관점에서 우리는 인간 이외의 생명체, 그리고 생명체가 아닌 물질까지도 어떻게 대하는 것이 옳은 일인지 고민을 해봐야 합니다. 영화 〈아바타〉를 보면 3D 기술도 충분히 놀랍지만 더 놀라운 건 배경으로 등장하는 자연 경관입니다. 당연히 컴퓨터그래픽이라고만 생각했는데, 〈꽃보다 누나〉라는 TV 프로그램을 통해서 많은 이들이 알게 되었죠. 크로아티아의 플리트비체라는 곳입니다. 이런 곳들이 잘 지켜져야 인간도 인간답게 잘 살 수 있지 않을까요?

자연을 인간을 위한 수단적 대상이 아니며, 인간은 자연 전체에 대해 직접적인 의무를 져야 합니다. 나는 그들과 자연의 깊은 교감을 이해하려고 노력합니다. 그녀는 항상 세상 만물에 흐르는 에너지의 흐름을 이야기하며 모든 에너지는 잠시 빌린 것일 뿐 언젠가는 돌려줘야 한다고 합니다.

제이크
Says

인간중심주의

- 인간의 가치만을 중요하게 인정하고, 자연을 인간의 목적을 위한 수단으로 여기는 사고방식.
- 칸트: 이성적인 존재만을 자율적이고 도덕적인 존재로 보고, 자연의 도덕적 지위 부정. 자연에 대한 간접적 의무로 자연을 도덕적으로 고려해야 한다고 주장.

감정중심주의

- 감정을 느낄 수 있는 존재는 모두 도덕적 고려 대상으로 편입시켜야 함.
- 피터 싱어: 도덕적 지위를 획득하기 위해서는 쾌고감수능력이 있어야 함. 인간과 동물을 다르게 대우하는 것은 종차별주의라 여김.

생명중심주의

- 모든 생명체는 신성하고 도덕적 존중을 받아야만 하는 내적 가치를 지님.
- 슈바이처의 생명 외경 사상: 모든 생명을 소중히 여겨야 한다는 주장.

생태중심주의

- 인간은 자연의 일부, 자연은 도덕적으로 존중받아야 함.
- 인간과 전체 자연의 조화 추구.

I.

> **갑:** 동물을 잔인하게 다루는 것은 인간의 자기 자신에 대한 의무와 배치된다. 왜냐하면 이는 인간의 도덕성을 실현하는 데 방해가 되기 때문이다.
>
> **을:** 고통이나 쾌락을 느낄 수 있는 능력은 한 존재자가 이익 관심을 갖는다고 말할 수 있기 위한 필요충분조건이다.
>
> **병:** 인간은 자기가 도울 수 있는 모든 생명체를 도와주고, 어떤 생명체에도 해를 끼치지 않을 때만 진정으로 윤리적이다.

갑은 _____주의 주장이며, 대표 사상가로 _____를 들 수 있다.
을은 _____주의 주장이며, 대표 사상가로 _____를 들 수 있다.
병은 _____주의 주장이며, 대표 사상가로 _____를 들 수 있다.

정답: 1. 인간중심, 칸트 2. 감정중심, 피터 싱어 3. 생명중심, 슈바이처

II. I의 사상가들의 입장을 아래의 그림으로 표현할 때, A~D에 해당하는 적당한 주장을 한 사람은 누구일까요?

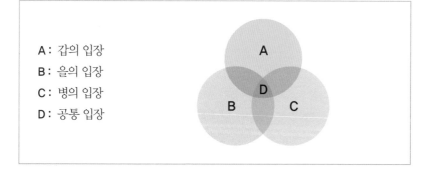

A: 갑의 입장
B: 을의 입장
C: 병의 입장
D: 공통 입장

진기: A. 동물 학대 금지는 간접적으로만 인간의 의무에 속한다.
민석: B. 인간과 동물을 도덕적 관점에서 동등하게 고려해야 한다.
성묵: C. 식물은 내재적 가치가 있으므로 도덕적 존중의 대상이다.
대훈: D. 인간은 도덕적으로 존중받을 만한 가치 있는 존재이다.

해설

복잡해 보이지만 갑, 을, 병의 입장만 잘 정리하면 됩니다. 갑은 동물을 잔인하게 다루면 안 되는데, 그 이유가 동물 때문이 아니라 인간의 도덕성이 실현되지 않기 때문이라고 합니다. 결국 중심에는 인간이 있는 전형적인 인간중심주의, 칸트의 입장입니다.

을은 쾌고감수능력을 이야기합니다. 고통과 쾌락을 느낄 수 있어야 한다고 합니다. 그러면 피터 싱어, 감정중심주의입니다.

병은 어떤 생명체에도 해를 끼치지 않을 때만 진정 윤리적이라고 하면서 모든 생명체를 포함하고 있습니다. 생명중심주의, 슈바이처가 되겠죠.

오랜만에 보는 수학 문제 같지만, 세 주장의 공통점과 차이점을 보면 되는 겁니다. A, B, C는 차이점이 되고, D는 A~C의 교집합이니까 공통점이 됩니다.

먼저 A는 갑의 입장, 그러니까 칸트가 되겠습니다. 동물 학대 금지가 간접적으로 인간의 의무에 속한다고 했습니다. 동물 학대 금지는 칸트만이 아니라 나머지도 다 해당이 됩니다. 모두 동물을 학대하면 안 된다고 합니다. 그런데 나머지는 동물 학대 금지가 직접적 의무라면, 칸트만이 간접적 의무라고 합니다. 간접적 의무라는 건 동물이 문제가 아니라 동물로 인해 인간이 나빠지니까 그래서 동물을 학대하지 말라는 거죠. 그걸 간접적 의무라고 표현했으니 진기의 설명은 맞는 설명입니다.

B는 동물을 도덕적 관점에서 동등하게 대우하자고 합니다. 이건 감정중심주의, 생명중심주의 모두 공통 입장입니다. B와 C 모두에 해당되는 겁니다. 그러니까 B만의 입장이라고 생각한 민석의 주장은 틀린 것이 됩니다.

성묵은 C를 설명하면서 식물에는 내재적 가치가 있다고 했으니, 식물도 가치가 있다고 말하는 겁니다. 이건 슈바이처, 생명중심주의입니다. 그러니까 C의 영역에 맞는 설명이 되겠습니다.

대훈은 D, 공통의 영역에 대해서 설명하고 있습니다. 인간은 도덕적으로 존중받을 만한 가치가 있답니다. 이걸 부정하는 사람은 없죠? 모든 지구인 중에서 이를 부정하는 사람은 아무도 없을 겁니다. 그러니까 칸트, 피터 싱어, 슈바이처의 공통점으로 적절한 설명입니다.

Part 3.

─

영화로 보는
거의 모든
역사

─

〈바람과 함께 사라지다〉로 본 남북전쟁

〈대부〉로 본 마피아의 세계

〈석양의 무법자〉로 본 골드러시

〈7인의 사무라이〉로 본 사무라이의 역사

〈타이타닉〉으로 본 대형 운송수단 사고의 역사

〈쇼생크 탈출〉로 본 탈옥의 역사

〈쉰들러 리스트〉로 본 아우슈비츠

⟨바람과 함께 사라지다⟩로 본
남북전쟁

★

바람과 함께 사라지다 Gone with the Wind (1939)

감독: 빅터 플레밍

출연: 클라크 게이블, 비비언 리, 레슬리 하워드, 올리비아 드 하빌랜드

제가 어렸을 때 명절이면 꼭 방영했던 영화가 바로 〈바람과 함께 사라지다〉였습니다. 최근에는 차태현이 출연한 같은 제목의 한국영화가 나오더라고요. 워낙 오래된 영화이기에 안 본 분도 많을 겁니다. 하지만 보지 않았더라도 한 번쯤 들어봐서 다 아시겠죠.

원작은 마거릿 미첼이 1936년에 발표한 동명 소설입니다. 그해에만 100만 부가 팔린 베스트셀러이며, 마거릿 미첼은 1937년 이 작품으로 퓰리처상을 수상했습니다. 영화는 1939년에 개봉했는데, 이후 4년 동안 상영되었습니다. 미국에서만 6000만 장의 티켓이 팔렸다고 하니 정말 대단하죠. 당시 미국 인구가 1억 2000만 명이었으니, 단순하게 따지면 미국 사람 절반이 이 영화를 극장에서 본 셈입니다.

영화는 1940년 제12회 아카데미 시상식에서 13개 부문의 후보에 올랐고, 그중 작품상, 감독상, 여우주연상, 여우조연상 등 8개 부문에서 수상했습니다. 할리우드에서도 손꼽을 만한 명작이 바로 〈바람과 함께 사라지다〉입니다. 그야말로 최고의 영화입니다.

남자 주인공인 클라크 게이블은 당시 최고의 인기 배우였습니다. 여자 주인공은 바로 그 유명한 비비언 리입니다. 당대 최고의 미남, 미녀가 주연한 영화입니다.

영화의 배경은 미국 남북전쟁 시대입니

퓰리처상

신문왕으로 불린 언론인 조지프 퓰리처의 유언에 따라 50만 달러의 기금으로 1917년에 제정된 상. 그해 미국의 언론, 문학, 음악 분야의 업적과 명예에 가장 높은 기여를 한 사람을 선정해 수여합니다.
언론에 14개 부문, 문학 및 음악에 7개 부문이 있으며 '기자들의 노벨상'이라고도 불립니다. 매년 4월 수상자를 발표하여, 5월에 뉴욕의 컬럼비아 대학교에서 시상식을 개최합니다.

다. 여주인공인 스칼릿 오하라는 생긴 건 다소 어수룩하지만 다정한 애슐리라는 남자를 사랑했습니다. 스칼릿은 애슐리도 자기를 좋아한다고 착각하고 있었죠. 어느 날 파티에 갔다가 애슐리가 자기의 친구인 멜라니와 사귀고 있다는 걸 알게 됩니다. 곧 결혼을 한다고 합니다. 이 소식을 들은 스칼릿은 뒤늦게 애슐리에게 고백하지만 거절당했습니다. 이 모습을 뒤에서 지켜보는 사람이 있었으니, 그가 바로 남자 주인공 레트 버틀러입니다.

어쨌든 거절당하고 난 스칼릿이 괜찮을 리가 없죠? 그래서 멜라니의 오빠인 찰스와 약혼을 합니다. 그런데 이때 남북전쟁이 터집니다. 애슐리와 찰스는 군대에 가죠. 찰스는 딱 봐도 주인공 스타일이 아닙니다. 아니나 다를까, 총에 맞아 바로 죽습니다.

흔히 남부군과 북부군이 남북전쟁을 벌였다고 하는데, 남부군은 맞지만 북부군의 정확한 명칭은 연방군입니다. 간단히 말해서 남부군의 목표는 북부군을 무찔러 없애버리는 것이 아니라 연방에서 독립을 하는 것이었습니다. 예를 들어 경상도가 우리나라에 대항해서 전쟁을 한다고 칩시다. 그러면 경상도 군대는 경상군이 되고 이에 맞서 싸우는 쪽은 대한민국군이 되겠죠. 어쨌든 남부군의 목표가 독립이라면 연방군의 목표는 연방을 그대로 유지하는 것입니다. 그래서 남북전쟁이 시작됩니다.

그런데 북부군이 이겨서 승리하면서 남쪽으로 진격을 하는 겁니다. 스칼릿과 멜라니는 피란을 가야 하는데, 약혼자들이 모두 전쟁터로 나가버렸으니 여자들끼리 피란하는 일이 쉽지 않겠죠? 거기다 멜라니는 아이를 출산한 지 얼마 되지도 않았습니다. 누군가 도와줄 사람이

절실히 필요한 그때 레트가 등장합니다. 레트는 무역으로 큰돈을 벌었는데, 돈이 많아서 그런지 놀랍게도 군대에 가지 않습니다. 오히려 군수산업을 통해서 돈을 벌고 있었습니다. 레트는 약간 거칠고 마초 스타일의 남자죠. 스칼릿의 부탁으로 레트가 이들을 피란시킵니다. 목숨을 구해준 남자가 되는 거죠. 딱 봐도 레트는 남자 주인공감입니다. 전쟁에 나가도 절대 죽지 않습니다. 그래서인지 자원입대를 합니다.

스칼릿은 고향으로 무사히 돌아왔습니다. 고향에는 '타라'라는 농장이 있습니다. 하지만 농장은 이미 폐허였습니다. 어머니는 돌아가셨고 아버지는 실성했습니다. 남부 지역은 목장이 많았기 때문에 흑인 노예들이 많았습니다. 그런데 남북전쟁이 터지고 북부에서는 노예를 해방한다고 하니, 노예들이 가만있지 않았겠죠? 다 도망갔습니다. 그러니까 농장이 완전히 피폐해져 있었던 겁니다.

상황이 이러니 스칼릿이 농장을 재건해야 합니다. 농장을 재건하는 가장 빠른 길이 뭘까요? 우선 필요한 게 돈이죠. 돈 많은 사람과 결혼하면 문제가 해결될 겁니다. 아니나 다를까, 스칼릿은 딱 봐도 늙고 추하지만 돈 많아 보이는 프랭크라는 아저씨와 결혼을 합니다.

그런데 두번째 남편 프랭크 역시 사소한 말다툼 끝에 총에 맞아 죽습니다. 사실 프랭크 입장에서는 억울한 게 그 말다툼이 아내인 스칼릿 때문에 벌어졌던 거거든요.

어쨌든 스칼릿은 다시 자유로워졌습니다. 하지만 스칼릿이 원래 좋아하던 남자 애슐리는 여전히 스칼릿을 거들떠보지도 않습니다. 어쨌든 농장을 재건하려면 아직 돈이 부족한데, 그때 스칼릿 앞에 돈 많은 누군가가 나타납니다. 슬슬 남자 주인공이 전면에 등장할 때죠. 레트입니다. 스칼릿은 레트와 결혼합니다. 두 사람의 결혼 이후부터 진짜 재미가 시작됩니다.

레트는 스칼릿을 진심으로 사랑했습니다. 그런데 스칼릿은 여전히 애슐리한테 마음이 가 있습니다. 남자도 처음에는 그 마음을 돌려놓으려고 하지만 계속 노력해도 안 되면 짜증이 나겠죠. 레트는 더이상 견디지 못하고 스칼릿을 떠나갑니다.

그런데 레트가 떠나고 나니까 스칼릿이 깨닫습니다. 자신이 진짜 사랑했던 사람은 애슐리가 아니라 레트였다는 것을요. 그러고는 정말 유명한 계단 장면이 나옵니다. 먼 곳을 바라보면서 스칼릿은 이렇게 말합니다.

"내일은 내일의 태양이 뜰 것이다(After all, tomorrow is another day)."

영화를 안 본 분도 이 장면과 이 대사는 다 아실 겁니다. 정말 많은 영화와 방송에서 패러디되었죠. 내일은 내일의 태양이 뜬다는 대사는 레트가 돌아올 때까지 기다리면서 농장을 재건하겠다는 스칼릿의 의지를 담은 독백입니다.

여기까지가 영화의 줄거리입니다. 영화를 직접 보는 것보다는 못하겠지만 그래도 이 정도면 어디 가서 본 척은 할 수 있습니다. 그럼 이제부터는 영화의 배경인 남북전쟁에 대해 알아보겠습니다.

end

남북전쟁

스칼릿네 농장 이름은 '타라'입니다. 이름이 중요한 게 아니고 타라 농장에서 어떤 작물을 재배했느냐가 중요합니다. 남부는 왜 연방에서 독립하려고 했을까요? 그것부터 알아봐야 하겠습니다.

미국의 남부와 북부는 중점 산업이 달랐습니다. 남부는 농업 기반 사회였고, 북부는 공업이 중심이 된 사회였습니다. 남부는 농업 중에서도 특히 면화 농업을 했습니다.

남북전쟁

시기	1861년 4월 12일~1865년 4월 8일
장소	미국 북동부 및 남부, 서부, 대서양 연안 등
결과	북부연방의 승리

교전국	
아메리카합중국(북부연방)	아메리카연합국(남부맹방)
주요 지휘관	
에이브러햄 링컨	제퍼슨 데이비스
에드윈 M. 스탠턴	주다 벤저민
율리시스 그랜트	로버트 E. 리

전쟁을 벌이는 남부와 북부 진영 중에 영국은 어느 편을 지원했을까요? 영국은 방직산업이 발달했습니다. 방직은 면화로 옷감을 만드는 일입니다. 그러려면 면화를 수입해와야 하죠. 따라서 영국은 남부와 경제적으로 긴밀한 관계에 있었고, 당연히 남부를 지원했습니다.

실제로 전쟁을 시작했을 때 남부의 군사력은 북부에 비할 수 없을 정도로 약했습니다. 병사 수도 3분의 1밖에 안 되었고, 무엇보다 무기가 부족했습니다. 전쟁할 때는 총이 필요하고 대포가 필요합니다. 그러니 원래는 압도적으로 북부가 이기는 싸움이었습니다.

그런데도 남부가 전쟁을 할 수 있었던 이유는 바로 유럽의 지원이었습니다. 남부의 전법은 유럽의 지원에 크게 의존하는 것이었습니다. 영국이 도와줄 것이라고 굳게 믿었습니다. 특히 영국과 연방은 사이가 나빴습니다. 독립전쟁을 치렀으니 정치적으로 사이가 안 좋을 수밖에 없었죠. 반면 남부와는 경제적으로 이해관계가 있었습니다. 그래서 남부는 영국의 지원을 바탕으로 연방에서 탈퇴하려는 정치적 목적을 이루고자 했습니다.

스칼릿의 고향인 조지아는 미국의 남쪽에 위치합니다. 그 아래가 플로리다이고, 더 내려가면 쿠바와 카리브 해 지역입니다. 미국에서 가장 살기

수확 직전의 면화.

좋은 곳으로 꼽히는 지역이 바로 여기입니다. 혹시 미국 드라마 CSI 시리 즈 중에 마이애미 편을 보셨나요? 플로리다 주에서 가장 큰 도시인 마이애 미에서 벌어진 살인사건을 해결해나가는 드라마인데, 중간중간 멋진 바닷 가 풍경이 펼쳐집니다. 1년에 한 번씩 닥치는 허리케인을 제외하면 이 지역 이 실제로 미국에서 가장 기후가 좋은 곳입니다.

위 사진이 면화입니다. 문익점 선생이 바로 이 면화의 씨를 붓 뚜껑에 숨 겨 몰래 가져왔던 겁니다. 여기서 솜을 뽑아 쓰죠. 그러기 위해서는 수확 해서 씨를 빼내야 합니다. 면화는 실제로 만져보면 보들보들하면서도 까끌 까끌합니다. 그래서 씨를 빼내는 일이 상당히 어렵습니다. 흑인 노예 한 명 이 하루 종일 작업해도 면화를 500그램밖에 못 뽑았다고 합니다.

엘리 휘트니의 조면기: 1793년 발명된 조면기로 현재 엘리 휘트니 박물관에 전시되어 있다.

그러면 남북전쟁은 왜 발생했을까요? 한마디로 정리하면 조면기 때문입니다. 조면기는 면화 씨를 분리하는 기계인데, 이것이 발명되면서 남북전쟁이 일어났다고 보면 됩니다. 조면기가 나오기 전, 노예를 시켜서 면화 씨를 뽑으면 하루 종일 해도 500그램입니다. 그거 팔아서는 흑인 노예 하루치 밥값도 안 나옵니다. 그러니 조면기가 나오기 전에는 남부에서도 흑인 노예의 노동이 보편적인 게 아니었습니다. 이때 흑인 노예란 주로 집에서 부리는 시종 개념이었습니다. 가끔 면화도 수확하긴 했지만 1인당 노동생산성이 낮았기 때문에 큰 의미가 없었습니다.

그러다가 1793년 엘리 휘트니가 조면기를 발명합니다. 사진을 보면 짐작하겠지만, 면화를 넣고 손잡이를 돌리는 기계입니다. 그러면 씨가 떨어져

나가고 면만 나오죠. 옛날처럼 손으로 일일이 까는 게 아니라 기계를 돌리기만 하면 되니 생산량이 50배로 늘어납니다. 면화를 심어서 키우는 일이 중요한 게 아니라 그걸 솜으로 만들어내는 작업이 중요한데, 과거 흑인 노예가 그 작업을 하려면 투입되는 노동량에 비해서 생산량이 적기 때문에 의미가 없었던 거죠. 하지만 이제 흑인 노예가 조면기를 돌리기만 하면 되는 겁니다. 옛날에는 면화를 많이 심어도 소용이 없었습니다. 많이 수확해 봤자 어차피 씨를 다 못 발라내니까요. 하지만 이제 면화를 많이 심어도 씨를 다 발라내서 많은 양의 솜을 만들 수 있게 된 겁니다. 따라서 면화를 많이 심기 위해 농장이 점차 대규모화합니다.

이렇게 되니 이제 농상에서 조면기를 돌릴 사람이 필요해집니다. 흑인 노예가 필요해진 거죠. 흑인 노예의 수요가 폭발적으로 증가합니다. 미국 남부로 엄청난 수의 흑인 노예가 수입됩니다. 여러분, 수요가 증가하면 가격은 비싸지겠죠? 남부의 흑인 노예 수요가 증가하면서 흑인 노예의 가격이 상승했습니다.

이러니까 이번엔 북부 지역이 곤란해졌습니다. 북부는 공업 지역입니다. 공장을 운영하는 사장이 돈을 벌려면 노동자의 임금이 낮아야 하는데, 값싼 노동력으로 수입하던 흑인 노예 가격이 비싸진 겁니다. 사장 입장에서는 안 좋은 상황이 된 거죠. 그래서 남부와 북부의 사이가 나빠지기 시작했습니다.

면화의 대량생산이 가능해지면서 1821년에 담배의 네 배 정도이던 면화 수출액이 1840년에 이르자 면화 수출액 1억 9000만 달러, 담배 수출액 1600만 달러로 열두 배 가까이 성장하기에 이릅니다. 남부의 대농장이 확대되면서 흑인 노예의 수도 1790년에 70만 명에서 1850년에는 400만 명으로 여섯 배 가까이 늘어납니다. 흑인 노예 가격은 다섯 배로 올랐죠. 이게 다 조면기의 발명을 시작으로 벌어진 일입니다.

한편 노예에 대한 남부와 북부의 인식도 달라집니다. 미국 남부에서는 농장을 유지하고 면화를 생산하기 위해서 흑인 노예 확보가 필수적이죠. 그러면서 전반적으로 임금 상승도 이루어집니다. 북부 지역도 본격적으로 노동자가 필요했습니다. 값싼 노동력이 필요하니까 노예를 해방하고 그들이 북부로 와 공장에서 일하는 노동자가 되게끔 하는 쪽이 유리합니다. 따라서 남부는 자연스럽게 노예제도를 유지하려 하고, 북부는 없애려고 한 겁니다. 그렇게 두 지역 간에 노예제도를 둘러싸고 격렬한 대립이 생깁니다.

영화 〈바람과 함께 사라지다〉에서 레트가 말합니다. 레트는 남부의 부자라고 했죠? 그는 "우리가 가진 것은 목화와 노예뿐"이라고 합니다. 또한 "양키들이 우리보다 군사적으로 유리하다. 남부에는 대포공장도 하나 없다. 하지만 북부에는 군수공장, 조선소, 광산도 있다"고 합니다. 이런 상황에서도 남부는 전쟁을 벌입니다.

이렇게 남북 간의 긴장이 슬슬 고조되는 가운데 전쟁을 일으킬 결정적인 계기가 마련됩니다. 북부의 일반인들이 흑인 노예를 해방해야 한다는 생각을 품게 된 겁니다. 그 계기가 바로 아주 유명한 소설인 『톰 아저씨의 오두막Uncle Tom's Cabin』이라는 작품입니다. 이 소설이 나오면서 북부 흑인 노예들의 비참한 삶이 널리 알려지게 됩니다. 북부의 지식인들을 중심으로 여론이 조성되면서 흑인 노예를 해방해야 한다는 주장이 등장합니다.

이 소설과 함께 더욱 결정적인 일이 터집니다. '노예 드레드 스콧 사건'입

니다. 지금과 마찬가지로 당시에도 미국은 연방국가였습니다. 따라서 주마다 법이 달라 노예제도를 인정하는 주도 있고, 인정하지 않는 주도 있었던 겁니다. 예를 들어서 경상도는 노예제도를 인정하지 않는데, 전라도는 노예제도를 인정한다고 칩시다. 그런데 전라도에 살던 노예가 경상도로 가면 애매해지죠. 이 사람을 노예로 인정할 것이냐, 인정하지 않을 것이냐를 두고 재판이 벌어집니다. 연방재판소까지 간 결과, 노예제도를 인정하는 판결이 나왔습니다. 하지만 이 사건을 계기로 노예제도라는 것이 얼마나 불합리하고, 또 흑인이 얼마나 가중한 노동을 하는지 알려지면서 여론이 형성되었죠. 드디어 남북전쟁의 분위기가 무르익어갑니다.

이때 여러분이 다 아는 링컨이 대통령이 됩니다. 링컨도 처음부터 노예제도를 반대한 것은 아니었습니다. 그러나 1860년 대통령 선거에서 링컨은 자신의 정치적 의사와는 상관없이 반노예주의자들의 열렬한 지지를 받아 당선됩니다. 그러면서 남부와 북부의 대립은 고조되고, 급기야 남부 지역들이 연방 탈퇴를 선언하기 시작합니다. 결국 남부의 모든 주가 연방을 탈퇴합니다. 〈바람과 함께 사라지다〉에서도 맨 처음에 "우리 조지아 주가 미연방에서 탈퇴하는 것은 당연한 권리"라고 외치는 장면이 나오는데, 주인공들이 사는 조지아 주도 탈퇴를 선언합니다.

남부와 북부를 비교하면 영토는 남부가 더 넓습니다. 남부에는 농장이 많죠. 하지만 군대만 보더라도 남부는 80만, 북부연방군은 250만 명으로 남부는 군인 수도 적은데다 군수산업은 북부에 몰려 있습니다. 당연히 군사력은 북부가 압도적입니다. 그럼에도 불구하고 남부가 연방을 탈퇴하고 전쟁을 선언한 겁니다. 그렇다면 남부의 목표는 뭘까요? 앞에서도 언급했듯이 북부를 괴멸하는 것이 아니라 북부에서 독립하는 것이 목표였습니다. 그러려면 협상을 해야겠죠? 남부는 전쟁을 오래 지속할 힘이 없었습니다. 속전속결로 협상을 해야 하죠. 즉 남부의 목표는 속전속결로 북부에 타격을 입히고, 유리한 고지에서 협상을 해 독립을 얻어내는 것이었습니다.

드레드 스콧 대 샌드퍼드 사건

드레드 스콧은 아내와 두 딸의 해방을 위해 소송을 제기한 흑인 노예입니다. 스콧과 그의 아내는 노예였지만, 주인인 존 에머슨 박사와 함께 노예

드레드 스콧의 초상화

제도가 불법인 일리노이와 미네소타에 살았다는 사실에 근거하여 소송을 제기했습니다. 하지만 미국 연방대법원은 스콧뿐만 아니라 아프리카 출신 노예와 그 후손은 모두 미국의 시민이 될 수 없다고 판결하며 스콧의 패소로 소송이 마무리되었습니다.
법원은 또한 연방정부가 미국 영토 내의 노예 제도를 금지할 권리가 없다고 판결하고, 적법 절차 없이 노예를 주인에게서 빼앗을 수 없다고 판결 내렸습니다.
이 판결은 대중의 즉각적인 비난을 불러왔으며, 남북전쟁의 간접적인 기폭제가 되었습니다. 현재까지도 미국 연방대법원 역사상 최악의 판결로 여겨지고 있습니다.

드디어 전쟁이 시작됩니다. 이때 남부에서 유명한 로버트 리 장군이 등장합니다. 한번 비교해보겠습니다. 북부는 어떤 의미에서 자본가들이죠. 남부는 대농장 출신들입니다. 누가 더 귀족 스타일입니까? 남부겠죠. 북부는 자본가, 부르주아입니다. 귀족의 자제들은 어느 학교에 주로 갔을까요? 바로 웨스트포인트 사관학교입니다. 그래서 남부에는 군사 수는 적지만 장교 출신들이 많았습니다. 리 장군도 웨스트포인트 사관학교를 차석

앤티텀 전투 Battle of Antietam
1862년 9월 17일, 메릴랜드 주 샤프스버그 근처

남북전쟁 최초로 양측의 병력이 맞붙어 싸운 전투로, 미국 역사상 단일 전투로 가장 많은 피해를 남겼습니다. 북부연방 7만 5500명, 남부맹방 3만 8000명이 전투에 참여하여, 북부연방은 2000명의 사망자와 1만여 명의 부상자를 냈으며, 남부맹방은 1500명의 사망자와 8000여 명의 부상자가 나왔습니다. 숫자로는 남부맹방의 승리로 보이지만 전략적으로 북부연방이 승리를 거둔 전투입니다.

으로 졸업했던 사람입니다. 그 때문에 전쟁 초기에는 남부가 몇 번의 승리를 거듭니다.

영화에도 나옵니다. "기쁜 소식이 있습니다. 리 장군님이 적을 완전히 무찌르시고, 양키 군대를 버지니아 북쪽으로 몰아냈습니다!"라고 말하는 장면이 있죠. 원래 양키라는 말은 미국 남부 사람들이 북부 사람들을 부를 때 쓰는 말이었습니다. 지금은 미국 사람들을 다 양키라고 하지만 원래는 북부 사람들을 조롱하는 말이었죠. 메이저리그 구단 중에 뉴욕 양키스가 있죠? 뉴욕이 북부에 위치한 도시잖아요. 그래서 양키스라고 하는 겁니다.

남북전쟁 중 가장 대표적인 전투가 '앤티텀 전투'입니다. 이 전투에서 북부군은 약 2000명이 죽고, 남부군은 1500명이 죽었습니다. 부상자도 북부는 약 1만 명이고, 남부는 8000명입니다. 사상자 수만 보면 남부가 이긴 듯한데, 북부가 승리를 선언합니다. 아주 간단하죠. 이 전투에 투입된 북부군 수는 남부군의 두 배에 달했습니다. 간단하게 북부군이 1만 명, 남부군이 5000명이라고 합시다. 전투에서 북부군이 1000명이 죽고, 남부군은 900명 죽었다면 북부군은 9000명이 남고 남부군은 4100명이 남은 겁니다. 그러니까 남부는 압도적인 대승을 거두지 않는 한 이런 식의 소모전은 이겨도 지는 셈이었죠.

214   **Part 3.** 영화로 보는 거의 모든 역사

또한 북부는 산업이 발달해 철도 시설이 잘되어 있었습니다. 남부는 농장 지대라 철도가 없었고요. 그러니 보급수송도 북부가 훨씬 원활하겠죠? 『최진기의 끝내주는 전쟁사 특강』 책에서도 말씀드렸지만 전쟁은 보급이 정말 중요합니다. 남부는 군대도 적고 무기도 적은데다가 보급도 원활하지 않았습니다. 그러니까 전쟁을 서둘러 끝내려고 할 수밖에 없었습니다. 반면에 북부 입장에서는 시간만 끌면 무조건 이기는 겁니다.

드디어 남북전쟁의 하이라이트, 게티즈버그 전투가 벌어집니다. 남부가 결정적으로 패배한 전투입니다. 게티즈버그 지역은 아주 높은 지대입니다. 전투에서는 높은 곳이 유리하므로 북부군이 높은 곳에서

게티즈버그 전투 Battle of Gettysburg

1863년 7월 1~3일, 펜실베이니아 주 애덤스 카운티의 게티즈버그

———

남북전쟁에서 가장 참혹한 전투이며, 전쟁의 전환점이 된 전투입니다. 이 전투의 패배로 남부맹방의 북부 침공은 실패로 끝났고, 워싱턴을 공격하여 독립을 승인받고 전쟁을 끝내고자 했던 남부의 전략도 실패로 돌아갔습니다. 북부연방 9만 4000여 명, 남부맹방 7만 2000여 명의 병력이 투입된 최대의 전투로 양 진영은 3일간 치열한 공방전을 펼쳤습니다. 북부연방은 사망 3100여 명을 비롯해 총 2만 3000여 명의 인명피해를 냈고, 남부맹방은 사망 4700여 명을 비롯해 마찬가지로 2만 3000여 명의 인명피해를 냈습니다. 남부맹방은 이 패배로 실질적으로 전쟁을 지속할 수 없을 만큼 피해를 입었습니다.

진을 치고 있었습니다. 그걸 남부군이 포위한 겁니다. 그런데 남부군은 무리해서 산악 지역 위쪽으로 공격해들어갑니다. 밑에서 위로 공격하는 거죠. 상식적으로 있을 수 없는 일입니다. 하지만 남부군은 이런 선택을 할 수밖에 없었습니다. 어차피 시간이 흐르면 분명 패배할 테니 확률이 낮더라도 시도해봐야 했던 겁니다.

『삼국지』에서 제갈량이 남벌을 일곱 번이나 떠납니다. 유선에게 출사표를 던지고 말이죠. 촉나라는 서촉 지방 한중을 차지했습니다. 그런데 한중

이라는 곳은『삼국지』내내 전쟁을 한 번도 안 한 곳입니다. 그러니까 토지가 여전히 비옥한 상태였죠. 인구도 있었습니다. 반면 위나라가 장악한 땅은 중국의 중원입니다. 훨씬 넓은 땅이지만 전쟁으로 토지는 폐허가 되고 사람은 줄었습니다. 하지만 시간이 흐르면 흐를수록 어디가 더 발전하겠습니까? 당연히 중원 지역입니다. 그러니 제갈량은 시간이 지나면 더이상 위를 제압할 수 있는 기회가 없다고 생각한 겁니다. 반면 위나라 입장에서는 시간만 흐르면 되고요.

그래서 사마의가 뛰어난 장수인 겁니다. 그는 한 번도 전쟁을 하지 않습니다. 공격을 하지 않고 오로지 제갈량의 군사를 막아내기만 합니다. 거꾸로 서두르는 쪽은 제갈량입니다. 똑같은 이치입니다. 군사도 적고 식량도 부족하고 보급로도 나쁘니, 수레를 만들어서 끌고 갈밖에요. 제갈량이 무리를 할 수밖에 없는 거죠. 제갈량이 전투에서 이기긴 했지만 실상을 따져보면 전쟁에선 진 것이나 다름없습니다.

리 장군도 마찬가지입니다. 남부군은 군사도 적고, 화력도 부족하고, 보급도 없습니다. 속전속결할 수밖에 없는데, 북부군이 유리한 지형에서 버티고 있으니 기다리기만 하다가는 꼼짝없이 지겠죠. 어차피 질 거라면 한번 붙어나 보자 하고 쳐들어가는 겁니다. 그러고는 결국 북부군에 괴멸당합니다. 게티즈버그에서 북부군이 완전히 승리하면서 남부맹방은 몰락하고 맙니다.

거꾸로 링컨은 수적으로도 우세하고, 화력도 우세하고, 보급도 우세합니다. 그러니 철저하게 지구전을 펼칩니다. 링컨은 북부의 모든 산업을 전쟁에 동원했습니다. 모스부호로 장군들에게 직접 명령을 내리기도 했습니다. 명령의 내용은 하나입니다. 싸우지 말라는 거죠.

결국 남북전쟁에서 남부가 지면서 노예제도가 없어지게 됩니다. 지금까지 이러한 시대를 배경으로 한 영화 〈바람과 함께 사라지다〉를 함께 살펴봤습니다.

〈대부〉로 본
마피아의 세계

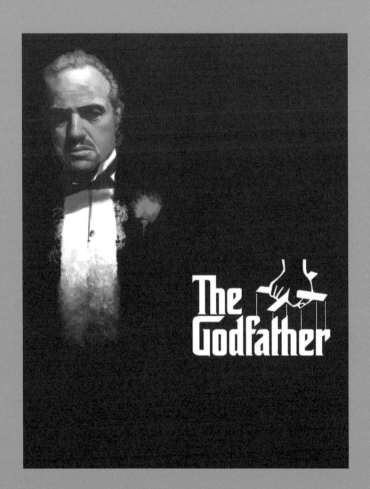

대부 The Godfather (1972)
감독: 프랜시스 포드 코폴라
출연: 말런 브랜도, 알 파치노, 제임스 칸

이번에 살펴볼 영화는 그 유명한 〈대부〉입니다. 영화는 안 봤어도 주제음악은 익숙할 겁니다. 프랜시스 포드 코폴라 감독 작품이고, 전설적인 배우 말런 브랜도가 주인공이죠. 마이클 역으로 알 파치노가 나옵니다. 1972년에 개봉했는데, 이듬해인 1973년 아카데미 시상식에서 최우수작품상과 남우주연상, 각색상을 수상했습니다.

　〈대부〉의 스토리를 볼까요. 주인공은 말런 브랜도가 연기한 비토입니다. 돈 콜레오네 가문의 사람으로, 돈(Don)이라는 말은 이탈리아어로 두목을 의미합니다. 곧 두목 콜레오네 가문의 이야기가 세 편의 시리즈에 걸쳐 펼쳐집니다. 비토에게는 네 명의 자식이 있습니다. 첫째가 소니, 아주 인간적이고 동생들을 사랑하는 사람입니다. 그래봤자 마피아지만 마피아 중에서도 가족을 끔찍이 사랑하는 마피아입니다. 둘째가 프레도, 조금 멍청한 사람입니다. 셋째는 마이클, 잘생겼죠? 그러니까 주인공입니다. 그리고 철없는 딸 코니가 나옵니다.

　코니가 결혼을 합니다. 코니의 남편이 나중에 소니를 죽음에 이르게 하는 계기를 마련하죠. 소니가 코니 남편 때문에 죽고, 마이클이 코니의 남편을 혼내주게 됩니다.

　〈대부〉 하면 잊히지 않는 장면이 결혼식 파티 장면입니다. 20분가량이나 되는 장면인데 아직까지도 그 감동을 잊을 수가 없습니다. 비토에게는 양자가 두 명 있습니다. 먼저 톰은 소니와 비슷한 또래로,

나중에 변호사가 되어 마피아 가문에서 실질적인 힘을 차지합니다.

그다음이 조니, 노래하는 사람으로 비토 덕분에 가수가 됩니다. 코니의 결혼식에서 조니가 비토에게 가수가 되고 싶다고 부탁합니다. 가수를 하려면 누구를 찾아가야 하죠? 요즘으로 치면 SM, YG, JYP 같은 기획사를 찾아가야 합니다. 그래서 비토가 기획사 사장에게 부탁을 하는데, 사장이 무시합니다. 그랬더니 비토가 사장이 타고 다니는 말의 목을 쳐서 그 목을 선물로 보냅니다. 사장이 선물을 열어보니까 말 머리가 나온 거예요. 겁을 먹었겠죠. 그래서 조니를 스타로 만들어 줍니다.

결혼식 날 첫 장면을 보면 모두들 비토에게 와서 부탁을 합니다. "우리 딸이 아픈데요" 하면 약을 구해주고, "우리 아들이 뭐 한대요" 하면 그리 하게 해주죠. 이게 〈대부〉의 중요한 스토리입니다.

비토는 마피아 5대 패밀리 중에서도 대장 패밀리의 두목입니다. 어느 날 다른 패밀리 밑에 있던 솔로조가 비토에게 마약 사업을 함께하자고 제안합니다. 하지만 비토가 거절합니다. 술을 제조하고 유통하고 판매하고 하다가 잘 안 되면 맨 마지막에 손대는 게 마약입니다. 그러니까 비토가 거절했던 겁니다.

그러자 솔로조가 비토에게 총을 쏩니다. 비토가 죽지는 않았지만, 화가 단단히 난 아들 마이클은 솔로조를 죽이고 이탈리아 시칠리아로 도망칩니다. 비토 입장에서는 난처한 상황입니다. 큰아들 소니는 매제 때문에 죽었습니다. 둘째 프레도는 멍청합니다. 셋째 마이클은 복수를 하고 도망갔습니다. 그러니까 가업을 계승할 자식이 하나도 남지 않은 겁니다.

　우리가 마피아라고 하는 것처럼 그들도 스스로를 마피아라고 부를까요? 조직폭력배들이 스스로 조직폭력배라고는 안 합니다. 자기들은 패밀리라고 부릅니다. 영화에서도 마피아라는 단어는 한 번도 안 나옵니다. 자기들끼리는 패밀리라고 하죠. '가족처럼'이라는 말은 알고 보면 좀 이상한 표현입니다. 회사 사장이 "우리 가족처럼 지내자"라고 한다면, 이 말은 곧 "내가 널 착취해도 가만히 있어"라는 뜻입니다. 회사 소개에 가족 같은 분위기를 자랑하는 회사는 한번 의심해봐야 합니다.

　어쨌든 비토의 입장에서는 자식들을 잃은 겁니다. 그러면 어떻게 해야 할까요. 마피아 총회를 엽니다. 5대 패밀리가 전부 모이는 거죠. 비토가 전쟁을 멈추려면 뭘 해야 할까요? 나머지 패밀리가 요구하는 마약 사업을 인정할 수밖에 없습니다. 위험하지만 하자고요. 대신 조건을 내세웁니다. 그만 싸우고 아들의 안전을 보장해달라고 요구합니다. 그렇게 마이클이 돌아옵니다.

마이클은 정말 똑똑합니다. 시칠리아에서 돌아오자마자 세례를 받습니다. 세례를 받을 때는 대부가 있습니다. 친아버지는 육체의 아버지이지만, 대부는 성(聖)적 아버지입니다. 저도 열일곱 살에 세례를 받았습니다. 세례명은 대건 안드레아입니다. 김대건 신부님의 세례명이 안드레아였죠. 1984년 요한 바오로 2세 교황이 우리나라를 방문했을 때 시성식을 열어, 1839년 기해박해, 1846년 병오박해, 1866년 병인박해 때 처형당한 천주교 순교자 103인을 성인(聖人)의 반열에 올렸습니다. 그래서 주로 성인의 이름을 따서 짓는 천주교 세례명 가운데 '대건 안드레아'가 있고, 제 세례명이 된 것입니다.

어쨌든 세례식은 큰 행사니까 패밀리가 다 모이지 않겠습니까? 이날 마이클이 나머지 패밀리를 다 처리합니다. 4대 패밀리를 모두 처리하고, 배신자를 처단하고, 자기가 드디어 보스 중의 보스가 됩니다.

end

마피아의 전성기

이제 본격적으로 마피아에 대해 알아보겠습니다. 먼저 마피아의 조직 체계인데요, 이렇게 이해하면 훨씬 간단합니다. 마피아는 특이한 조직 체계가 있습니다. 두목이 있고, 이 두목에게 돈(Don)이라는 칭호가 붙습니다. 그리고 두목 옆에는 항상 고문이 있습니다. 고문이라고 해서 나이가 많은 사람이 아니라, 옆에서 조언을 해주는 사람입니다. 〈대부〉에서는 비토가 두목이고,

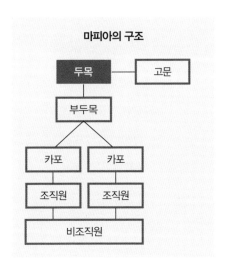

양자인 톰이 바로 고문입니다. 특이한 건 고문의 힘이 상당하다는 겁니다. 거의 두목만큼 영향력이 있습니다. 실제로 두목은 거의 하는 일이 없습니다. 두목은 항상 부탁하면 들어주는 사람, 인자한 아저씨 같은 역할을 합니다. 파티장에서의 비토가 그렇습니다. 사람들이 와서 계속 부탁하면 거절하는 법이 없습니다. 물론 자신이 할 수 있는 일이니까 들어주는 거죠. 부탁하는 쪽에서도 웬만큼 들어줄 만한 부탁을 하니까요. 이렇게 두목은 패밀리의 부탁을 들어주는 역할을 하고, 조직을 이끄는 일에는 고문인 톰이 일일이 조언을 합니다.

두목 밑에는 부두목이 있습니다. 부두목이 큰아들인 소니였죠. 그래서 소니와 톰이 의견 충돌이 잦습니다. 실제로 두목은 상징적인 존재고, 부두목인 소니가 실제 조직을 관리하고, 톰은 두목에게 조언하는 형태입니다. 두목이 유비라면, 소니가 관우고 톰은 제갈량입니다. 그러니까 관우와 제

갈량의 사이가 어땠겠어요? 『삼국지』에 직접적으로 나오지는 않지만 사이가 엄청 안 좋았겠죠. 관우 입장에서 제갈량이 곱게 보이겠습니까? 관우와 제갈량의 나이가 스무 살 차이입니다. 『삼국지』 정사를 보면 가장 싸움을 잘했던 건 관우입니다. 관우가 실제로 일등공신입니다. 유비에게는 의형제이기도 합니다. 관우가 오리지널 대장이죠. 그러니 관우 입장에서는 자기가 2인자인데 스무 살이나 어린 사람이 갑자기 와서 부채를 들고 설치는 셈이니 껄끄러울 수도 있었을 겁니다.

마찬가지로 톰과 소니도 긴장관계였다고 보면 됩니다. 그리고 그 밑에 카포가 있습니다. 카포가 조직원들을 데리고 실질적으로 일을 하는 거죠. 카포가 부두목에게 상납을 하면 그 돈이 두목에게 올라갑니다.

그런데 영화에 나오는 카포들은 좀 늙은 사람들입니다. 사실은 두목인 비토하고 어렸을 때 같이 지냈던 친구들입니다. 마피아 조직 체계의 특징은 패밀리입니다. 마피아의 힘이 바로 패밀리에서 나옵니다. 알고 보면 가족들과 친구들끼리 다 해먹는 겁니다. 기업으로 치면 가족들과 친구들이 회장, 사장, 임원까지 다 하는 거죠. 정말 조심해야 하는 회사입니다. 취직할 때 이런 회사는 가급적 피하는 게 좋습니다.

그다음에는 비조직원이 있습니다. 비조직원의 꿈은 조직원이 되는 것이겠죠. 조직원이 되는 순간 그 사람은 안전을 보장받습니다. 조직원을 건드린다는 건 두 조직 간의 전쟁을 의미합니다. 패밀리잖아요. 우리도 그런 말을 많이 합니다. "나를 건드리는 건 참아도, 우리 가족을 건드리면……" 하는 것과 똑같습니다. 조직원까지 가족이기 때문에 조직원을 건드리는 순간 전쟁이 벌어집니다. 섣불리 건드리지 못하겠죠. 그래서 조직원이 되면 안전을 보장받는 겁니다.

비조직원이 조직원이 되려면 두 가지 조건이 필요합니다. 하나는 타고나야 하는 조건으로, 이탈리아인이어야만 합니다. 가족이니까요. 그다음으로는 살인을 해야 합니다. 왜 살인을 해야 할까요? 살인을 하면 범죄자가 되죠. 그러면 조직에 들어오는 순간 도망갈 수가 없습니다. 살인자니까. 이 두 가지 조건을 갖추어야 마피아의 조직원, 패밀리가 되는 겁니다. 가족끼리 똘똘 뭉친 집단이죠. 마피아의 힘의 원천입니다. 우리나라에서도 조폭이 되려면 감옥에 한 번은 갔다 와야 한다고 합니다. 마피아는 그 정도가 아니라 살인을 해야 합니다.

마피아(Mafia)의 원래 이름은 이탈리아어로 'Morte alla Francia Italia Anela'입니다. 앞글자를 따면 'MAFIA'가 됩니다. 해석하면 '프랑스인에게 죽음을! 이탈리아여 영원하라!'입니다. 시칠리아 섬의 위치를 보면 지중해의 요지에 있습니다. 그래서 수많은 세력에 정복당했던 섬입니다. 마피아가 바로 여기에서 유래된 겁니다. 계속 전쟁이 일어나고 정부가 바뀌고 하니까 결국 믿을 건 가족밖에 없다고 생각한 거죠. 그래서 가족, 지역사회 중심의 연결고리가 발달합니다. 그리고 여기에서 등장했던 게 파시즘입니다.

파시즘의 어원은 횃불을 들고 하나로 모이라는 뜻입니다. 애초에 파시즘은 낮에는 잠잠하다가 밤이면 횃불을 들고 모여 싸우는 걸 말합니다. 이탈리아 사람들이 지배에 저항하기 위해서 밤에 횃불을 들고 넓은 벌판에 모입니다. 그걸 지배자가 보면 '저 사람들은 아직도 우리에게 저항하고 있구나'라고 알 수 있겠죠. 그렇게 저항 의지를 보여주었던 게 바로 파쇼입니다. 파시즘도 그렇게 나쁜 뜻에서 출발한 건 아닙니다.

마피아도 마찬가지입니다. 전쟁이 계속되고 정부도 계속 바뀌니까 정부를 믿을 수 없었던 거죠. 그 때문에 내부 결속력이 아주 강력해집니다. 마피아의 전통 중에 오메르타라는 것이 있습니다. 이탈리아 사람이고 살인을 한 사람을 조직원으로 받아들이는 입단식을 할 때 치르는 의식 같은 겁니다. 손가락을 찔러서 피를 내고, 성화 같은 데 묻힌 다음에 불로 태우는데 불태울 때 그 성화를 손으로 받치는 겁니다. 그러면서 "우리 약속을 지키리라"고 맹세하죠. 이 오메르타라는 규율은 내가 어떤 처벌을 받더라도 절대 조직을 배신하지 않겠다는 의미입니다. 이를 통해 결속력도, 힘도 강한 조직이 되는 겁니다.

실제로 시칠리아에서는 상거래를 할 때도 마피아의 허락을 받아야 합니다. 저도 소련에서 경험해본 적이 있습니다. 동유럽이 무너지던 초기에 제기 소련에 들어갔습니다. 그때 한인들이 들려준 이야기가, 그곳에서 가게를 하려면 마피아의 허락을 받아야 한다는 겁니다. 그 당시 러시아에서는 그랬습니다. 그러다 한인 한 명이 살해당하는 사건이 생겼습니다. A 지역에서 장사를 하다가 마피아의 허가 없이 B 지역으로 이사를 간 거죠. 예를 들면 동대문구에서 장사를 하다가 마포구로 옮긴 겁니다. 그래서 동대문구 마피아랑 마포구 마피아가 싸움이 붙은 거예요. 장사를 하면 마피아에게 돈을 줍니다. 그런데 동대문구에서 허락도 없이 마포구로 이사를 가면, 동대문구 마피아 입장에서는 자기들한테 들어오던 돈이 마포구 마피아한테 가는 거잖아요. 그래서 둘이 싸움이 붙는 상황인데, 싸우기 전에 둘이 화해를 하고 그 대신 이사 간 사람을 죽인 겁니다. 이게 실제로 있었던 일입니다. 실제로 시칠리아 같았던 거죠. 시칠리아에서도 장사할 때 마피아의 허락을 받아야 합니다. 그러니까 두 번의 허가가 필요합니다. 정부의 허가와 마피아의 허가. 그리고 마피아한테 당했다고 신고하면 100퍼센트 죽는 거죠. 이게 마피아의 힘입니다.

이 당시 이탈리아의 경제 상황은 어땠을까요? 〈엄마 찾아 삼만 리〉라는 옛날 만화영화를 아시나요? 이탈리아에 사는 꼬마가 엄마를 찾으러 아르헨티나에 가는 이야기입니다. 엄마는 아르헨티나에 왜 갔을까요? 파출부 일을 하러 갔습니다. 그런데 흥미로운 건 꼬마의 아버지가 의사라는 점입니다. 이탈리아 의사의 아내가 아르헨티나에 파출부 일을 하러 가 있는 거죠. 딱 이 시대입니다. 20세기 초반. 어느 사회에서든지 의사는 엘리트입니다. 그런 의사의 아내가 다른 나라에서 파출부로 일하는 어이없는 상황이죠. 당시 이탈리아의 경제 상황이 정말 좋지 않았습니다. 그래서 마피아고 뭐고 할 것 없이 많이들 미국으로 갑니다.

미국으로 이민 온 유럽 사람들 중에서 가장 유명한 이들이 한쪽은 아일랜드인, 또 한쪽이 이탈리아인입니다. 아일랜드인들은 자국의 대기근을 피해 온 경우가 많습니다. 감자잎마름병이 돌면서 아일랜드 사람의 3분의 1이 죽고, 그 나머지의 절반이 미국으로 향합니다. 그래서 아일랜드인들이 하급 선박 노동자 같은 미국의 최하층을 이루게 되죠.

아일랜드 대기근

1845년부터 1852년까지 아일랜드에서 일어난 집단기근으로, 아일랜드 감자 기근으로도 알려져 있습니다. 이 기간 동안 약 100만 명이 죽었으며, 100만 명이 아일랜드를 떠나 해외로 이주했습니다.
대기근의 원인은 감자잎마름병으로 알려진 감자의 역병입니다. 당시 유럽 전체를 휩쓸며 감자 농사를 황폐화시킨 이 병은 특히 인구의 3분의 1이 감자 농사에 의존하고 있던 아일랜드에서 최악의 피해를 불러일으켰습니다.

더블린에 있는 대기근 기념 조각상.

미국의 금주법

1919년 1월 16일 미국 의회에서 제정한 법으로 주류의 양조, 판매, 운반, 수출입을 금지하는 것이 주요 내용입니다.

알코올중독이나 술로 인한 범죄를 줄이기 위한 것이 법 제정의 명분이었지만, 실제로는 독일 잠수함의 미국 여객선 격침 사건과 미국의 제1차세계대전 참전으로 인해 악화된 독일에 대한 감정으로, 금주법을 통해 양조업에 주로 종사하는 독일 이민자들을 견제하는 것이 목적이었습니다.

금주법으로 인해 주류 밀거래, 무허가 술집, 밀주 사업을 둘러싼 마피아 간의 폭력과 살인 사건 등의 부작용이 횡행했습니다. 또 많은 사람이 메탄올로 인해 죽기도 했습니다. 결국 1933년에 금주법은 폐지되었습니다.

그다음에 이탈리아 사람들이 미국으로 넘어갑니다. 그런데 이탈리아 사람들은 딱 봐도 아일랜드 사람들처럼 일하는 스타일이 아니라 노는 스타일이죠. 유럽에서 최고의 남자 하면 이탈리아 남자를 뽑는데, 그 말은 거꾸로 하면 일을 안 한다는 뜻입니다.

우리가 아는 가장 유명한 마피아가 알 카포네와 럭키 루치아노입니다. 알 카포네는 밀주로 유명합니다. 당시 미국에서 금주법이 발효되는데, 알 카포네는 이때 밀주(密酒)로 돈을 법니다. 그냥 술만 만들어 팔았던 것이 아니라 공교롭게도 운까지 딱 맞아떨어졌습니다. 아주 유명한 이야기가 있습니다. 20세기 초 미국에 대공황이 닥쳐 물가가 확 올랐습니다. 독일에서도 제1차대전이 끝나고 물가가 확 오릅니다. 맨날 술만 마시는 형이 있고 저축을 열심히 하는 동생이 있는데, 나중에 보니 술만 먹던 형이 부자가 된 겁니다. 인플레이션이 너무 심해서 병값은 비싸지고, 현금은 그만큼 가치가 떨어진 거죠.

알 카포네도 마찬가지입니다. 밀주 사업을 하다보니까 병이 필요해서 병을 만들었는데 병 가격이 확 오르는 바람에 병으로 돈을 벌었습니다. 또한 술을 보관할 곳이 필요한데, 도시 한복판이 아니라 변두리에 보관해야 하니까 변두리에 땅을 샀습니다. 그런데 그 땅이 개발되어서 부동산 재벌이 됩니다. 또 술에 설탕을 넣는 럼주를 만들기 위해 설탕업도 했습니다. 설탕 제조가 당시 본격적인 공업으로 형성됩니다. 그리고 병에 붙일 라벨을 만들어야 하니까 인쇄업도 했습니다. 이렇게 마피아가 단순히 밀주로만이 아니라 산업으로 돈을 벌게 됩니다. 그 대표적인 인물이 바로 알 카포네입니다.

알 카포네는 스물여섯 살에 6000만 달러를 벌었습니다. 이 당시 알 카포네가 이건희보다 더 부자였던 겁니다. 물론 나중에 체포돼서 탈옥하기 가장 힘들다는 앨커트래즈 감옥에 갇힙니다. 그리고 출소 이후에 매독으로 죽습니다.

그다음은 럭키 루치아노. 이 사람이 실질적으로 마피아를 통일한 사람입니다. 미국에 있던 모든 마피아를 통일했습니다. 총을 맞았다가도 살아나고, 상대편에 잡혀갔다가도 살아나서 운이 좋다는 뜻으로 럭키라고 불렀습니다. 그는 미국에 있는 이탈리아계 마피아를 통일하고 영화 속 마이클처럼 보스 중의 보스가 되는데, 보스가 되자마자 1년 만에 체포됐습니다. 그런데 당시에 뉴욕에서 노동자들이 대규모로 파업을 벌였습니다. 그때 경찰이 럭키 루치아노에게 도움을 요청합니다. 그리고 나서 10년 만에 석방되는데, 결국 심장마비로 죽었습니다.

럭키 루치아노가 죽고 나서 패밀리가 다섯 갈래로 갈립니다. 그중에서 가장 세력이 큰 패밀리가 바로 감비노 패밀리고, 감비노 패밀리의 두목이 바로 콜레오네입니다. 영화 〈대부〉의 모델이 된 인물이 바로 럭키 루치아노 밑에 있던 사람인 겁니다.

럭키 루치아노 밑에 있던 부하 중 하나가 영화에 나오는 벅시입니다. 벅시는 라스베이거스를 조성한 사람으로 유명합니다. 영화에서는 그렇게 나오지 않지만, 실제로 라스베이거스를 조성하다가 빚을 많이 졌습니다. 그리고 그 빚을 못 갚아서 총에 맞아 죽습니다. 마피아라고 다 행복한 건 아닌 듯합니다.

마피아의 몰락

지금은 마피아가 세력이 약합니다. 20세기 초반이 마피아의 전성기였습니다. 그러면 마피아의 세력이 왜 약해졌을까요? 일본에는 야쿠자가 있습니다. 야쿠자들은 아직까지도 막강한 세력을 유지합니다. 일본에서도 아무도 못 건드리는 게 야쿠자입니다 그런데 미국의 마피아는 급격히 세력이 약화되었습니다. 그 이유를 보겠습니다.

마틴 스코세이지 감독의 〈좋은 친구들〉이라는 영화가 있습니다. 세 주인공은 헨리, 지미, 톰입니다. 이중에서 톰만 조직원이 됩니다. 헨리와 지미는 이탈리아인이 아니었기 때문에 조직원이 되지 못합니다. 이 영화에서는 마피아들의 의리가 무너지는 과정을 보여주는데, 첫번째 원인이 바로 마약입니다. 나중에 재무구조가 무너진 마피아들은 전부 마약과 관련된 일에 손을 뻗치게 됩니다. 금주법도 없어지고, 산업 자체가 음성적인 산업에서 정상적인 산업으로 넘어갑니다. 그러니까 이제 마피아는 패밀리를 유지하기 위해 더 위험한 불법 사업에 손을 댈 수밖에 없습니다. 원래는 합법적 사업에 있어야 힘이 세지잖아요. 그런데 합법적 사업으로는 더이상 유지하기가 힘들어지니까 불법적인 사업으로 빠지게 되는 겁니다. 당시 5대 패밀리도 마찬가지였죠.

좋은 친구들 Goodfellas (1990)

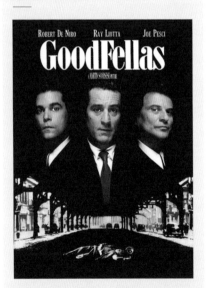

감독: 마틴 스코세이지
출연: 로버트 드니로, 레이 리오타, 조 페시

〈대부〉에도 이런 설정이 나옵니다. 다른 패밀리에서 마약 거래를 하자고 했는데 두목이 반대를 하죠. 5대 패밀리 중에서 가장 강력한 패밀리의 수장이 몰락한 건 형제간의 다툼 때문이 아니었습니다. 마약 사업을 함께하자는 아랫사람들의 제안을 거절하면서 일종의 따돌림을 당했던 거죠. 결국 나중에 그 제안을 수락하면서 다시 뭉친 거고요.

이렇게 되면서 마피아의 수익구조 자체가 점점 악화되고 불법화되었던 겁니다. 금주법도 사라지고, 나머지 사업 분야에서도 미국의 정상적인 기업과 경쟁하게 되니까 마피아들은 따라갈 수가 없었던 거죠. 남은 건 마약뿐이었습니다.

그러나 마약이 주 사업이 되니 큰 곤란이 생깁니다. 마약 거래는 세계적으로 연결되어 있습니다. 중국 마피아를 삼합회라고 하는데, 이 삼합회가 미국에 진출한 겁니다. 그런데 중국은 지금도 그렇듯이 가장 경쟁력 있는 게 가격입니다. 값싼 노동력과 저렴한 가격으로 해외시장에 진출합니다. 마약도 마찬가지입니다. 아프가니스탄을 비롯해서 중국 주변과 중국 북부에 마약 재배지가 많습니다. 그래서 삼합회가 값싼 마약을 미국으로 들여오니 마피아는 가격경쟁에서 밀리는 겁니다.

그리고 마약에 대한 처벌이 강해집니다. 처벌이 강해지니 오메르타가 무너지는 겁니다. 예전에는 경찰에 잡혀가더라도 패밀리에 대해 털어놓지 않았습니다. "너 징역 1년 살래? 불래?" 그러면 안 불죠. 그렇지만 "너 평생 감옥에 있을래? 불래?" 하면 불기 시작합니다. 오메르타가 붕괴되기 시작하죠.

또한 마피아는 구조적인 한계가 있습니다. 마피아는 패밀리라고 했죠. 순수 이탈리아 혈통만 조직원, 곧 패밀리가 될 수 있었습니다. 그런데 미국에 살다보니 점점 순수 이탈리아인이 사라지는 겁니다. 2~3세대를 거치면서 점차 혈통이 사라집니다. 이에 따라 순혈주의가 약해지고, 패밀리라는 의식 또한 약해집니다.

결국 사업 기반의 붕괴, 삼합회와의 경쟁, 강화된 처벌 규정과 무너진 혈통 등으로 이전 세대 마피아들에 비해 패밀리라는 의식이 약해지면서 마피아의 세력이 약화됩니다. 그래서 지금은 더이상 〈대부〉 시리즈가 나오지 않는 것이겠죠.

〈석양의 무법자〉로 본
골드러시

★

석양의 무법자 The Good, The Bad and The Ugly (1966)
감독: 세르조 레오네
출연: 클린트 이스트우드, 리 밴 클리프, 엘리 월러치

서부영화의 걸작 중 하나로 꼽히는 〈석양의 무법자〉입니다. 어렸을 때 이 영화를 보면서 클린트 이스트우드가 멋있어서 따라 하던 기억이 있습니다. 1966년 영화니까 50년 가까이 된 작품이라 많은 분께 낯설 수도 있는 영화입니다. 혹시 〈좋은 놈, 나쁜 놈, 이상한 놈〉이라는 영화 기억하시나요? 이병헌, 송강호, 정우성이 출연한 한국 영화인데, 〈석양의 무법자〉의 원제인 'The Good, the Bad and the Ugly'에서 제목을 따왔습니다. 'The Ugly'는 원뜻은 추한 놈이지만 '이상한 놈'으로 번역했습니다. 영화는 낯설더라도 클린트 이스트우드는 아직도 감독으로 왕성하게 활동하고 있기 때문에 많이 아실 겁니다.

〈석양의 무법자〉는 영화음악으로도 유명합니다. 요즘 시각으로 보면 영화가 조금 느린 느낌이지만 그래도 상당히 재밌게 봤습니다. 〈역마차〉 〈OK 목장의 결투〉 등과 함께 서부영화 최고의 작품으로 평가받고 있습니다.

원제의 'The Good'에 해당하는 블론디는 클린트 이스트우드가 맡았습니다. 'The Bad'에 해당하는 센텐자는 리 밴 클리프라는 배우가 연기했는데, 누군지 잘 모르시겠지만 당시에는 대단히 유명했던 명배우입니다. 그리고 'The Ugly'는 투코라는 역할로 엘리 월러치라는 배우가 연기했습니다. 제 생각에 추하기보다는 우스꽝스러운 역할입니다. 아마 그래서 〈좋은 놈, 나쁜 놈, 이상한 놈〉에서도 '이상한 놈'으로 썼을 수도 있습니다.

영화의 주된 내용은 20만 달러의 금화를 찾아가는 여정입니다. 20만 달러라고 하면 지금도 2억이 넘는 돈이니까 당시에는 200억 정도에 해당하는 돈이라 할 수 있습니다.

재미있는 건 블론디와 투코가 동업자이면서 원수 관계라는 겁니다. 어떤 동업을 했을까요? 투코는 현상금이 걸린 악당입니다. 블론디가 투코를 체포해서 연방 보안관에게 넘겨줍니다. 그러면 블론디는 현상금을 받겠죠. 투코는 교수형을 당할 겁니다.

투코가 교수형을 당하는 장면이 영화의 첫 장면인데, 이때 블론디가 마을에서 총을 겨누고 있습니다. 투코가 목에 밧줄이 걸린 채 서 있고, 교수형이 시작되면 목만 매달린 채 아래로 떨어지겠죠. 이때 블론디가 총을 쏴서 밧줄을 끊는 겁니다. 투코가 떨어지면 블론디가 구출합니다. 그러면 투코의 현상금은 다시 높아질 테고, 또 체포해서 현상금을 나눠 갖는 겁니다. 그런데 나중에 블론디가 투코를 버립니다. 현상금이 더이상 안 올라서 불만족스러웠기 때문이죠. 그래서 "너 이 정도 악당밖에 안 돼?" 하면서 버립니다. 사실은 블론디가 더 추한 놈인 거죠. 이에 화가 난 투코는 친구들을 데려와서 블론디를 손봐주고 사막에 버립니다.

'The Bad' 센텐자는 주로 돈을 받고 사람 죽이는 일을 합니다. 얼마나 나쁜 놈이냐면, 돈을 받고 사람을 죽이러 가서는 이렇게 말합니다. "난 누구에게 얼마를 받고 널 죽이러 왔다." 예를 들어 1억을 받고 죽이러 왔다고 하면 상대방은 내가 2억을 줄 테니 의뢰한 인간을 죽여달라고 요청하고, 그러면 센텐자는 그 주문을 받습니다. 돌아가서는 원래 청탁한 사람을 죽이고 2억을 받죠. 그러고는 2억을 준 사람도

죽여버립니다.

투코가 블론디한테 복수한다고 했죠? 사막에서 투코는 블론디의 손을 뒤로 묶고 말에 목을 매단 채 끌고 달립니다. 이때 센텐자가 정보를 하나 얻습니다. 군인이었던 빌 카슨이라는 사람이 20만 달러가 든 주머니를 공동묘지에 묻어놨다는 정보입니다. 그는 빌 카슨을 찾아 떠납니다.

한편 투코는 블론디를 끌고 가다가 거의 죽어가는 사람을 발견합니다. 그 사람이 바로 빌 카슨입니다. 빌 카슨이 투코에게 어느 공동묘지에 가면 20만 달러가 있다고 말합니다. 투코가 누구 무덤인지를 묻자 빌 카슨은 물을 갖다주면 말해주겠다고 합니다. 그래서 투코가 물을 가지러 간 사이에 블론디가 물으니, 빌이 20만 달러가 묻힌 묘비 주인의 이름을 말하고 죽습니다. 그러면 투코는 어느 공동묘지인지를 알고 있습니다. 블론디는 누구의 묘지인지를 알고요. 둘이 정보를 합쳐야 돈을 찾을 수 있는 겁니다. 그래서 우여곡절 끝에 둘이 다시 동업자가 됩니다.

투코는 죽은 빌 카슨의 군복을 입고 다니다가 잡혀서 포로가 되는데, 그 포로수용소 소장이 센텐자입니다. 센텐자가 보기에 투코가 빌 카슨의 옷을 입고 있으니 투코를 빌 카슨으로 생각합니다. 이렇게 블론디, 투코, 센텐자가 얽히게 됩니다.

결국 셋은 공동묘지에 가서 돌에다가 묘지 주인의 이름을 적습니다. 이 돌만 보면 돈주머니를 파낼 수 있습니다. 이 돌을 가운데 놓고 셋이 총을 쏘기로 합니다. 결투를 하는 거죠. 투코는 열심히 총을 쏘지만 소용이 없습니다. 블론디가 미리 투코의 총알을 비워놨죠. 그러니까 투코는 추잡한 놈이 아니라 귀여운 사람입니다. 정말 우스꽝스럽게 나옵니다.

센텐자는 투코를 쏠지, 블론디를 쏠지 고민하고 있었겠죠? 물론 블론디를 쏩니다만, 그전에 블론디가 먼저 센텐자를 쏴서 죽입니다. 그럼 총알도 없는 투코만 남았으니까 돈주머니는 이제 블론디 차지가 되는 거죠. 하지만 블론디는 돈을 파낸 다음에 투코와 반씩 나누기로 한 약속을 지킵니다. 그리고 이번에는 거꾸로 블론디가 투코를 말에 매달고 가면서 영화가 끝납니다.

end

서부 시대의 개막, 골드러시

서부영화 하면 항상 떠오르는 게 있습니다. 바로 보안관입니다. 그런데 서부영화의 보안관은 항상 술을 마시고 있습니다. 마을 주민이 와서 도움을 청하면 "난 힘이 없어" 하면서 피하는 게 서부영화의 전형적인 보안관입니다.

두번째, 서부영화에는 멋진 카우보이가 나옵니다. 그리고 꼭 무법자가 나옵니다. 이번에는 이들의 정체를 밝혀보겠습니다. 보안관은 누구였고, 카우보이는 뭘 하는 사람이었으며, 무법자는 또 뭘 했는지를 보겠습니다.

서부영화의 보안관은 딱 두 부류입니다. 90퍼센트는 맨날 술에 취해서 아무 일도 해결 못하고 있다가 갑자기 정의감에 불타서 인디언도 쫓아가고, 목숨 걸고 싸우다가 일부는 죽고 일부는 영웅이 되는 말도 안 되는 이야기들이죠. 또 서부영화에 나오는 카우보이는 다 멋있습니다. 가끔 악마 같은 카우보이들도 나오는데, 대부

캘리포니아 골드러시

1848년 1월 24일 캘리포니아 콜로마의 슈터 밀에서 제임스 마셜이 금을 발견하면서 벌어진 일련의 현상입니다. 금 발견 소식이 퍼지면서 약 30만 명의 인구가 미국 및 해외에서 캘리포니아로 이동했습니다.

캘리포니아의 금맥 지도.

캘리포니아 골드러시를 알리는 당시 신문.

분 소도둑들입니다. 도대체 당시 카우보이의 정체는 뭐였을까요? 그리고 무법자들도 나옵니다. 법도 없고, 아무데서나 총을 쏘죠. 과연 이들이 원하던 것은 또 무엇이었을까요?

서부영화의 배경이 되는 시대는 골드러시 시기입니다. 미국 서부가 본격적으로 개척되는 시기가 바로 이 시기입니다. 전부 다 금을 찾으러 떠나는 겁니다. 30만 명이나 되는 사람이 금을 캐러 서부로 왔습니다. 그게 서부 시대, 골드러시입니다. 그러면 이 사람들이 돈을 벌었을까요? 일단 금을 많이 캐기는 합니다. 그러니까 돈도 제법 벌었습니다. 하지만 가난해집니다.

어떤 사람이 동부에서 월급을 10달러 받았다고 합시다. 그런데 서부에 와서 금을 캐서 50달러를 벌었습니다. 그러니까 소문이 나는 거죠. 금을 캐러 간 이들은 대부분 보통 사람들인데, 일확천금하러 갔다고도 볼 수 있겠지만 아닙니다. 나름대로 합리적인 선택이죠. 지금 일하는 데보다 돈을 많이 번다고 하니까 가는 겁니다. 그리고 실제로 서너 배의 소득을 거둔 경우가 많았습니다.

그런데 왜 망했을까요? 경제 공부를 조금만 하면 간단히 알 수 있습니다. 사람들이 몰려들어서 금을 캤습니다. 그러면 서부에는 금이 많아집니다. 이 시대에는 금화를 썼으니 금이 곧 화폐입니다. 금이 많아진다는 건 화폐가 많아지는 거죠. 그래서 동부보다 서부가 물가가 열 배 비쌌습니다. 금을 캐서 돈을 좀더 벌어봐야 소용없는 짓이죠. 그래서 돈을 벌어도 가난한 겁니다. 소문은 거짓이 아닙니다. 가면 돈을 몇 배 더 벌기는 하는데 물가가 비싸서 밥 한 끼를 못 사먹는 겁니다.

무법자는 왜 많았을까요? 사람들이 캔 금은 현금이나 마찬가지입니다. 길 가다가 만나는 사람들이 온통 현금을 잔뜩 갖고 있습니다. 그러니까 무법자가 많아진 겁니다. 누구를 쏘더라도 무조건 금을 갖고 있는 거죠. 우리가 학교에 다닐 때도 불량배들은 나이키 운동화를 신고 다니는 애들이 많은 곳에 많았죠. 예전에는 그랬습니다. 나이키 신발을 신고 다니면 늘 형들이 찾아왔습니다. 그래서 어깨도 좀 두드려주고 "신발이 참 좋구나. 우리 바꿔 신어볼까? 사이즈가 안 맞네. 동생 갖다줘야겠어" 하던 시절이었습니다. 어쨌든 돈은 많이 벌지만 물가가 비싸서 잘살지는 못했고, 현금이 많았기 때문에 무법자도 많았습니다.

그러면 거꾸로 돈을 버는 사람들은 누구였겠습니까? 밥집 아저씨, 상인들이었습니다. 돈을 버는 사람들은 딱 두 부류였습니다. 매춘부와 중국인. 30만 명이 금을 캐러 모여들었는데 그 가운데 여자가 있었을까요? 여자들은 광부가 되고 싶어도 될 수가 없습니다. 우리나라에서도 법적으로 여자 광부는 금지되어 있어요. 보호하기 위해서 못하게 하는 거죠. 그만큼 광업 노동은 어렵습니다. 그러니까 실제로 금을 캐러 간 사람들은 모두 남자였고, 그래서 서부 시대는 남자밖에 없습니다. 서부영화에 나오는 여자들은 젊은 여자, 예쁜 여자뿐입니다. 매춘부죠. 동부에 안정된 직장이나 가족 없이 홀몸, 떠돌이로 금을 캐러 간 남자들이 서부에 가득했고, 남자들만 있으니까 매춘부가 돈을 버는 겁니다. 이 당시에 광부가 보통 하루에 7~10달러를 벌면 매춘부가 40달러를 벌었습니다. 네 배의 소득을 거두는 겁니다. 그러니 매춘부가 몰립니다.

두번째로 소득이 많은 건 상인들입니다. 이 지역 사람들 직업이 뭡니까? 광부죠. 광부는 일하고 나면 옷이 더러워지고 옷이 더러워지면 세탁을 해야 합니다. 그래서 세탁소가 발달합니다. 옛날이나 지금이나 세탁소는 다 중국인, 동양인이 합니다. 그래서 중국인 세탁소 사장이 돈을 법니다. 식당도 마찬가지죠. 이게 서부 시대입니다. 우리가 영화에서 보는 것과는 다릅니다. 전부 다 금을 캐고 있습니다. 그래서 돈을 벌면 매춘부한테 달려가고, 옷이 더러워지면 세탁소에 가고, 배고프면 식당에 가는 겁니다.

서부영화에 나오는 마을을 아시나요? 양쪽 길가에 건물들이 늘어서 있습니다. 사람들이 말을 타고 지나가면서 한마디 하죠. "이 마을 분위기가 왜 이래?" 건물들이 전부 허름한 목재 건물입니다. 그럴 수밖에 없는 것이 그곳에 정착하려고 온 게 아니니까요. 금을 캘 동안만 잠깐 사는 거니까 돌이나 대리석으로 제대로 지을 필요가 없습니다. 전부 나무로 짓습니다. 그러다 잘못하면 다 불타는 겁니다. 가다보면 세탁소가 하나 있고, 위에는 매춘부 집이 있고 그렇습니다. 영화에 나오는 마을 풍경은 사실에 가깝죠. 술을 마시다가 금을 캤네, 못 캤네 하면서 서로 치고받고 총으로 쏘고 하는 겁니다.

이 당시 실제 보안관들 중에는 우리가 영화에서 보는 것처럼 고주망태 같은 보안관은 거의 없었습니다. 보안관들은 실력자입니다. 최고 실력자가 그 마을의 보안관이에요. 다른 보안관도 있습니다. 연방 보안관입니다. 어떤 영화에서는 한 마을의 보안관과 다른 곳에서 온 보안관이 서로 싸우기도 합니다. 그들이 바로 국가에서 보낸 연방 보안관이고, 우리가 아는 보안관은 그 지역 사람들이 뽑은 보안관입니다. 지금도 미국 영화를 보면 경찰이 수사하는 도중에 FBI 요원이 와서 "수사권을 회수합니다" 하잖아요. 그러면 수사를 하던 지역 경찰이 "웃기시네. 얼마나 잘하나 보자" 이럽니다. 그 전통이 여기서부터 나옵니다. 연방 보안관은 연방정부에서 파견한 사람이고, 실제 보안관은 그 마을 사람들이 선발했습니다. 지금으로 치면 파출소장인 동시에 동사무소장입니다. 블론디와 투코가 왜 동업을 했죠? 현상금을 타기 위해서였죠. 보안관은 현상금이 걸린 죄인을 쫓기 위해서 사람을 고용할 수 있었습니다. 총기 소유자, 현상금 사냥꾼을 고용할 수 있었던 거죠. 그러니까 보안관이 경찰권과 행정권, 거기에 어떻게 보면 군대까지 거느리고 있는 겁니다. 이러다보니 대부분 부패할 수밖에 없습니다. 그 지역에서 돈을 가장 많이 벌면서 권력까지 있는 실력자가 보안관이니까요.

서부영화에서 가장 황당한 장면은 일대일 결투입니다. 있을 수가 없는 일입니다. 무조건 둘 다 죽습니다. '하나, 둘, 셋' 하고 돌아서 '빵!' 이런 일은 거의 없습니다. 일대일 결투라는 건 만화 같은 이야기입니다. 이 당시에는 보통 매복했다가 적이 나타나면 죽였습니다. 물론 총을 빨리 쏘는 것도 중요합니다. 검도 빨리 뽑는 게 중요하고요. 하지만 일대일로 붙기보다는 매복했다가 죽였습니다.

일본 에도시대에 최고로 칼을 잘 썼던 사람이 미야모토 무사시입니다. 싸움을 가장 잘한 건 맞는데 그것도 이유를 알고 보면 딱 하나입니다. 남들보다 더 긴 칼을 갖고 다녔습니다. 상대의 칼이 닿기 전에 무사시가 먼저 상대를 죽인 겁니다. 하지만 이것도 혼자서 싸울 때 이야기지 전쟁에서는 아무 소용이 없습니다. 뒤에서 찌르면 죽는 거죠. 우리가 영화에서 본 모습과 실제 모습은 많이 달랐습니다.

가장 재미있는 건 카우보이입니다. 카우보이, 정말 멋있어 보이잖아요. 그런데 카우보이들은 정말 할 일이 없는 사람들이 했습니다. 나중에 금광이 점점 줄어들면서 금광 노동 자리도 얻기 힘들었던 사람들입니다. 우리나라도 지금은 탄광이 대부분 문을 닫았지만, 1960~1970년대에는 탄광에서 일하는 게 결코 보수가 적지 않았습니다. 정선 탄광촌에 가면 옆으로 술집들이 늘어서 있었습니다. 월급날에 마음껏 쓰는 겁니다. 그래서 정선에서는 월급날이면 지나가던 개들도 만 원짜리를 물고 다닌다고 했습니다. 카우보이는 그것보다 아래인 일자리입니다.

카우보이가 하는 일은 소를 모는 것입니다. 텍사스 목장에서 소들을 몰아 텍사스 철도역까지 가서는 기차에 소를 태워서 가는 일들을 했던 이들이 카우보이입니다.

또하나 흥미로운 건 지금 우리가 아는 음식들 중에 카우보이가 만든 음식이 많다는 겁니다. 스테이크도 카우보이들이 먹던 거죠. 음식에 양념할 시간이 없으니까 그냥 고기를 잘라서 구워 먹습니다. 싱거우니까 소금을 조금 뿌리고요. 그렇게 생각해보면 스테이크는 요리가 아니죠. 고기를 잘라서 그냥 굽기만 하면 되니까요. 또 스테이크만 먹으면 심심하니까 빵을 먹어야겠는데, 따로따로 먹기 귀찮아서 빵을 갈라 안에 고기를 넣는 겁니다. 그게 햄버거죠. 독일의 함부르크에서 유래했지만, 카우보이들도 많이 만들어 먹었습니다. 그러니까 사실 스테이크와 햄버거는 당시 가장 질이 떨어지는 음식이었습니다.

이 당시 카우보이들은 당연히 가난했습니다. 유명한 콜트45 권총을 사려면 월급의 반을 줘야 할 정도였죠. 총질도 마음대로 못하는 게 콜트45에 들어가는 총알 여섯 발이 또 일당의 반입니다. 그래서 총으로 연습을 해본 사람이 없습니다. 실제로 총을 쏘지 못하는 사람들입니다. 비싸서 연습도 못하지만 총은 갖고 다녀야 했죠.

그럼 총은 왜 갖고 다녀야 할까요? 그것도 재미있습니다. 처음에 서부 개척을 할 때는 하루 동안 말을 타고 갈 수 있는 땅은 네 땅이다, 걸어갈 수 있는 만큼이 네 땅이다 하면서 거기에서 마음대로 농사를 짓도록 했습니다. 그런데 서부는 땅이 넓어서, 예를 들어 에디슨 농장이라고 하면 집이 한 채 있고 그 주변이 전부 농장인 식입니다. 농사만 짓는 게 아니라 양도 키우고 개도 키웁니다. 이 농장은 경계가 없습니다. 가다보면 비석이 하나 있고 '여기부터 에디슨 농장임'이라고 써 있는 겁니다. 문제는 카우보이들이 소를 몰고 농장을 한번 지나가면 농장이 초토화된다는 거죠. 농장의 풀이며 곡물이 다 없어지는 겁니다. 열심히 농사지어봐야 소들이 지나가면서 다 뜯어먹으니 소용이 없습니다. 그래서 농장주와 카우보이가 맨날 싸우는 겁니다. 카우보이 입장에서는 농장주를 위협하려면 총이 필요했겠죠.

서부영화들을 보면 농장주에게는 꼭 딸이 있습니다. 그런데 악마 같은 카우보이들이 지나가면서 농장주의 딸을 겁탈하고 집을 불태워버립니다. 그럼 마침 농장주 딸의 정의로운 남자친구가 나타나서 복수를 합니다. 어쨌든 카우보이가 어떤 사람들인지 아시겠죠? 월급도 적게 받고 스테이크나 햄버거를 먹으면서 쏘지도 못하는 총 하나 들고 농장주들 눈을 피해서 소들을 몰아 텍사스 기차역까지 데려다주는 사람들입니다.

서부 시대의 종말

이제 무법자들도 나타납니다. 가장 유명한 사람이 빌리 더 키드인데, 다음 페이지의 사진이 나중에 약 25억 원에 낙찰됩니다. 열세 살 때 처음 살인을 한 이래 스물한 명을 죽였다고 합니다. 우리 나이로 스물세 살경에 죽는데, 죽고 나서 전기가 출판되고 하면서 그에 대한 이야기가 많이 과장되었다고도 합니다.

서부 시대는 무법자의 시대이고, 카우보이의 시대이며, 보안관의 시대입니다. 또한 골드러시 광부의 시대입니다. 그러므로 광부가 사라지고, 무법자가 사라지고, 카우보이가 사라지면 서부 시대 또한 끝나는 거죠.

카우보이는 왜 사라졌을까요? 어떤 사람이 철조망을 개발합니다. 옛날에는 나무로 울타리를 두르려면 돈도 시간도 많이 들어서 그 넓은 농장에 나무 울타리를 전부 다 설치할 수가 없었습니다. 또 나무로 울타리를 해봐야 소가 뚫어버리고요. 그런데 철조망이 나오면서 철조망으로 울타리를 치는 겁니다. 소가 지나갈 수가 없어요. 그 때문에 카우보이들이 밤에 몰래 와서 철조망을 끊다가 농장주가 쏜 총에 맞아 죽는 영화가 나온 겁니다.

빌리 더 키드 Billy the Kid, 1859(?)~1881
___
본명은 윌리엄 헨리 매카티 주니어지만 윌리엄 H. 보니 또는 헨리 앤트림이라는 가명을 사용했으며, 빌리 더 키드는 그의 별명입니다. 1877년 보안관 세 명을 살해한 것을 포함해 총 스물한 명을 살해했습니다. 1881년 보안관에게 사살되었습니다.

서부 시대의 종말을 불러오는 또하나의 요인은 철도입니다. 철도가 서부 지역 곳곳으로 연결됩니다. 그러면 소를 바로 실어보낼 수 있으니까 카우보이가 할 일이 없어지는 거죠.

무법자는 왜 없어질까요? 은행이 생기면서 사라집니다. 은행이 생기니까 사람들이 이제 돈을 안 들고 다닙니다. 길 가다 사람을 쏘고 돈을 빼앗았는데, 이제는 은행에 돈을 맡기니까 죽여봐야 돈이 안 나오는 거죠.

그래서 서부 시대의 종말을 불러온 요인은 크게 철조망과 철도, 은행,

세 가지로 볼 수 있습니다. 철조망이 생기면서 소들을 몰고 갈 길이 막혔습니다. 철도가 생기니까 소들을 멀리 몰고 갈 필요도 없습니다. 그러니까 카우보이는 없어집니다. 또한 철도가 생기니 은행이 들어옵니다. 연방 보안관을 바로 파견하기도 쉬워집니다. 그래서 무법자들도 사라집니다.

이제는 광부가 금을 캐면 바로 철도로 실어보내면 되고, 은행과 철도가 있으니 대규모 회사가 들어오게 됩니다. 예전에는 몇 명이 가서 금을 캤는데 이제는 커다란 금광개발회사가 생기면서 본격적으로 비즈니스가 되는 거죠. 이렇게 해서 서부 시대는 막을 내립니다. 서부 시대의 유산 중에 보안관 제도만 아직 남아 있죠. 지금도 미국에는 많은 주에 보안관이 있습니다.

영화 〈석양의 무법자〉를 통해서 미국 서부 시대, 골드러시 시대에 대해서 살펴봤습니다. 영화와 현실은 많이 다릅니다. 서부 시대에 대해 과장된 이미지들이 많지만, 현실은 영화처럼 화려하지만은 않았습니다.

〈7인의 사무라이〉로 본 사무라이의 역사

★

7인의 사무라이 七人の侍 (1954)
감독: 구로사와 아키라
출연: 미후네 도시로, 시무라 다케시

구로사와 아키라 감독의 〈7인의 사무라이〉입니다. 영화를 좋아하는 분이라면 구로사와 아키라 감독을 아실 겁니다. 일본뿐만 아니라 해외에서도 거장으로 인정받는 감독입니다. 〈라쇼몽〉〈란〉 등이 대표작이고, 1990년에는 아카데미 특별공로상을 수상하기도 했습니다.

구로사와 아키라 감독은 스스로 존 포드의 서부극에서 많은 영향을 받았다고 말했는데, 후대 서부영화의 대표작 중 하나인 〈황야의 7인〉(1960)은 지금 볼 〈7인의 사무라이〉를 각색해서 만든 영화입니다. 일곱 명의 사무라이 대신 총을 든 일곱 명의 건맨이 나오며, 율 브리너와 같은 최고의 배우들이 출연한 영화입니다.

이외에도 스타워즈 시리즈의 조지 루커스 감독이 가장 존경하는 감독으로 꼽는 등 거장 감독들에게 존경받는 거장 감독이 바로 구로사와 아키라입니다. 〈스타워즈 에피소드 4 – 새로운 희망〉은 실제로 구로사와 감독의 〈숨은 요새의 세 악인〉에서 몇몇 캐릭터와 설정을 가져왔습니다.

이런 구로사와 아키라 감독의 대표작 〈7인의 사무라이〉를 통해서 일본 사무라이의 역사를 살펴보도록 하겠습니다.

영화가 시작하면 먼저 산적들이 등장합니다. 산적들이 어떤 마을을 지나가다가 "잠깐! 작년 가을에 이미 한 번 왔던 곳이야"라고 말합니다. 이미 한 번 습격해서 마을을 털었다는 말입니다. 그러면서 올해 추수 때 다시 오자고 하며 떠났습니다. 지금 털지 말고 추수하고 나서

곡식이 많을 때 습격해서 털자는 거죠.

　그런데 마을의 농부 한 사람이 산적들이 하는 이야기를 들었습니다. 놀라기도 하고 화도 났을 겁니다. 열심히 농사지어서 추수를 해봐야 산적들한테 뺏길 테니까요. 그래서 대책을 세우기 위해 마을에서 회의가 열립니다. 항복하자는 사람들도 있고, 싸우자는 사람들도 있습니다. 결론이 나지 않으니 마을의 어른에게 가서 물었습니다. 그러자 어른이 사무라이를 고용해서 싸우자고 제안을 합니다. 자기가 어렸을 때 여러 마을이 있었는데, 그중에서 사무라이를 고용한 마을만이 살아남았답니다. 그러니까 우리 마을도 살아남으려면 사무라이를 고용하자고 합니다. 그래서 마을 사람들은 우여곡절 끝에 일곱 명의 사무라이를 고용하게 됩니다.

고용된 일곱 사무라이들이 모여서 마을 방어 작전을 세웁니다. 마을로 들어가는 입구는 총 네 군데입니다. 사무라이들의 작전은 간단합니다. 우선 마을로 들어오는 다리를 끊어버립니다. 그러면 마을로는 못 들어오겠죠. 논은 전부 물로 메운 다음에 죽창을 박아놓습니다. 산적들은 말을 타고 다니니 죽창이 있으면 말이 못 들어오죠. 그리고 다른 쪽은 통나무를 쌓아서 막아버렸습니다. 이쪽으로도 들어올 수가 없습니다.

네 군데 입구 중 세 군데를 막고 한 군데만 남겨놓는 겁니다. 그리고 그곳에서 농민과 사무라이들이 산적과 싸우는 거죠. 영화에서 산적은 서른세 명인데, 그중 세 명은 총을 쏘고 거기다 말을 타고 있습니다. 반면 마을에는 농민들과 고용된 일곱 사무라이들뿐입니다. 전력상 산적이 유리합니다. 그래서 한 길목만 열어놓고 지키는 겁니다.

이 한 길목을 지키는 방법도 간단합니다. 한 명씩만 통과시키는 겁니다. 맨 처음 말을 타고 온 산적이 지나가면 죽창을 들고 뒤따라오는 산적들을 막습니다. 그러면 혼자 들어온 산적만 나머지 사람들이 몰려들어서 죽입니다. 조총을 가진 사무라이 세 명은 밤에 몰래 가서 미리 죽입니다. 이런 식으로 하나씩 죽이는 전법을 택했습니다.

산적들은 당황했죠. 결국 나중에는 산적이 열세 명밖에 안 남습니다. 일곱 사무라이 중에서도 네 명이 죽고 농민들도 일부 죽지만, 결국 마을을 지켜냅니다. 남은 사무라이들이 마을을 지켜준 대가로 돈을 받고 마을을 떠나면서 영화는 끝납니다. 아주 간단한 스토리입니다.

end

사무라이의 흥망성쇠

그러면 이제 본격적으로 사무라이에 대해 살펴보겠습니다. 일본 하면 떠오르는 대표적인 것이 라면, 우동, 스시 같은 먹거리들도 있지만 무엇보다 사무라이 아닐까 합니다. 사무라이 정신이라는 말도 많이 씁니다. 사무라이는 무엇을 하는 사람들입니까? 사무라이의 정체에 대해 한번 알아봅시다.

사무라이라고 하면 떠오르는 건 칼입니다. 일본은 우리보다 훨씬 더 봉건적인 사회입니다. 사실 우리나라는 봉건제라고 말하기가 어려운 사회인데, 일본은 그렇지 않았습니다. 귀족이 있고 그 위에는 천황이 있습니다. 그리고 천황이 귀족들에게 땅을 나눠줍니다.

동양에서 땅을 나눠준다는 건 중요한 의미입니다. 땅을 소유한다는 것 못지않게 중요한 것이 수조권(收租權)입니다. 수조권은 조세를 거둬들일 수 있는 권한을 말합니다. 그러니까 그 땅에서 세금을 거둬들일 수 있는 겁니다. 땅의 소유자가 누구인지가 중요한 게 아닙니다. 땅은 명목상으로는 천황의 소유일 것이고, 귀족은 그 땅의 수조권을 갖고 있습니다. 그러니까 세금을 천황에게 내는 것이 아니라 귀족한테 내는 것이죠.

그런데 만약 제가 귀족이고 서울과 경기도, 강원도의 땅을 받았다고 합시다. 세 지역에서 세금을 거둬들일 수 있죠. 서울은 제가 직접 다닐 수 있습니다. 의정부까지도 갈 수 있지만, 철원 같은 곳들이 문제가 됩니다. 철원에 관리를 보내자니 그 지역에는 당연히 산적들이 많을 겁니다. 철원 지방에서 산적들이 활동하니 저에게 수조권은 있으되 실제로 행사하지는 못하고 있는 겁니다. 그래서 이런 문제를 해결하기 위해 사무라이가 등장합니다.

　사무라이는 서양의 기사와 비슷합니다. 귀족들은 사무라이를 고용해서 대신 세금을 걷어 오라고 시키고 그러면 사무라이들이 세금을 걷어 옵니다. 귀족들은 그 대가로 사무라이에게 일부의 돈을 주는 겁니다. 그런데 서양의 기사와는 차이가 있습니다. 서양의 기사는 수조권을 행사하지 않아 세금을 대신 걷거나 하지 않지만, 사무라이는 충성을 맹세하고 세금을 대신 걷어주고 그 대가로 보수를 받습니다. 기본적인 관계는 기사와 영주의 관계와 유사합니다. 아무튼 이렇게 해서 사무라이가 출발하게 됩니다.

　그런데 시간이 지나면서 흥미로운 상황이 벌어집니다. 서양에서는 기사 계급이 몰락합니다. 그런데 일본에서는 거꾸로 사무라이들의 힘이 점점 세집니다. 예를 들면 귀족은 철원에서 100석을 거둬들이라는 권리를 받았는데, 사무라이가 없으면 1석도 못 가져옵니다. 그래서 사무라이가 100석을 걷어 오면 처음에는 20석을 사무라이에게 주는 겁니다.

　그런데 한번 생각해보세요. 누가 갑이고 누가 을이겠습니까? 명분상으로는 귀족이 갑입니다. 하지만 실제로는 사무라이가 갑이 되는 겁니다. 사무라이가 철원에서 100석을 걷어서 귀족에게 안 주면 어떻게 합니까? 병사들을 이끌고 쳐들어갈까요? 방법이 없습니다. 그래서 사무라이의 힘이 점점 강력해집니다. 1100～1200년에 이르면 실제로 사무라이의 권한이 굉장히 강해져서 마치 군벌처럼 발전합니다.

　그때 큰 사건이 터집니다. 그 유명한 칭기즈칸의 등장이죠. 칭기즈칸이 4만 군사를 이끌고 일본으로 쳐들어왔습니다. 일본 정복을 목적으로 우리나라에 정동행성을 설치하고 일본을 공격합니다. 지금 일본에서는 가미카제라는 신풍(神風)이 불어서 이겼다고 하는데, 실제로 전투에서는 일본이 많이 졌습니다. 고려와 몽골 연합군이 두 차례 침공해서 규슈 지역이 함락 됐고, 3차 침공을 준비하던 중 남송 반란으로 몽골군이 돌아가면서 일본 이 몽골에 점령당하지 않을 수 있었던 겁니다.

이때 몽골군과 싸웠던 세력이 사무라이입니다. 이들이 전쟁에서 큰 활약을 펼쳤습니다. 그런데 문제가 생깁니다. 전쟁에서 활약을 하면 사무라이들에게 돈을 줘야 하는데, 이 전쟁은 정복전쟁이 아니라 방어전쟁이었습니다. 정복전쟁이라면 정복한 땅에서 노획한 물건을 나눠주면 되지만, 방어전쟁이기 때문에 이겼어도 줄 것이 없습니다. 결국 목숨을 걸고 싸웠는데 아무것도 받지 못하니까 사무라이들이 화가 났습니다. 그리고 이때부터 사무라이들이 노골적으로 귀족에 저항했습니다.

그러면서 일본의 귀족 체제가 무너졌습니다. 귀족은 어쨌든 천황 밑에서 중앙집권적인 권한을 보유한 세력들입니다. 그런데 중앙에 우호적인 귀족이 무너지니 지방의 토호들이 각자 실력을 행사하게 됩니다. 이걸 다이묘(大名)라고 합니다. 문자 그대로 지방에서 큰 이름을 떨친 사람들이 그 지역에서 힘을 자랑하는데, 이 사람들이 바로 다이묘입니다. 그러면 사무라이들은 이제 누구 밑에서 일하겠습니까? 옛날에는 천황 아래 귀족들의 밑에 있었지만, 이제는 다이묘 밑으로 들어가서 활동하게 됩니다.

경상도 지역이라고 가정하면, 경주 다이묘, 대구 다이묘, 울산 다이묘, 이런 식입니다. 이제 중앙집권 시대는 막을 내리고 지방분권 시대가 되는 겁니다. 중앙은 점점 힘이 없어지고, 지방의 힘이 강해집니다. 그러다보면 울산과 포항 두 다이묘가 싸울 수도 있습니다. 울산과 포항의 다이묘가 전쟁을 해서 울산이 이겼다고 하면, 포항의 다이묘는 죽었을 겁니다. 또한 포항의 사무라이들도 일부는 죽고 일부는 살아남았을 겁니다. 그런데 포항 다이묘가 죽었으니 살아남은 사무라이들이 이제는 충성할 다이묘가 없는 거죠. 그래서 떠돌아다니게 되는데, 이들을 떠돌아다닐 랑(浪) 자를 써서 낭인(浪人)이라고 합니다. 일본 만화에 자주 등장합니다. 우산 같이 생긴 모자 하나 쓰고 칼 하나 차고 다니는 사람들이 바로 이 낭인입니다.

〈7인의 사무라이〉에서 사무라이들이 왜 농민들을 도왔겠습니까? 사무라이는 원래 귀족이나 다이묘한테 충성해야 합니다. 그런데 농민들을 돕고 있습니다. 이건 어떻게 보면 그들에게는 굉장히 부끄러운 일입니다. 호위무사가 왕을 호위하거나 높은 자리에 있는 관료들을 호위해야 하는데, 그게 아니라 식당에 가서 진상 손님들과 싸우고 있는 겁니다. 부끄럽지 않겠습니까?

그런데 사무라이들이 왜 이런 일을 했을까요? 낭인이기 때문입니다. 싸움에서 지고 다이묘가 없어진 사무라이들이기 때문에 다이묘한테 돈을 받을 수가 없습니다. 수조를 행사하지도 못합니다. 그러니까 실제로는 직업이 없는 백수, 거지인 겁니다. 낭인을 사전에서 찾아보면 '일정한 직업이 없이 이리저리 떠돌아다니며 빈둥빈둥 노는 사람'이라고 나옵니다. 그러니까 농부들이 돈을 줄 테니 도와달라고 하면 도와주고 돈을 버는 겁니다. 그래서 〈7인의 사무라이〉가 등장합니다.

낭인을 일본어로는 '로닌'이라고 하는데, 영화 속에 나오는 모습을 보면 사무라이라기보다 거지에 가깝습니다. 실제로도 그랬습니다. 사무라이라고 하면 멋있을 것 같지만, 이 당시 사무라이들 중의 대부분은 거지입니다. 그런데 거지처럼 보이지만 신분은 어떨까요? 신분을 말할 때 사농공상 (士農工商)이라는 말을 쓰는데, 우리나라에서는 사(士)가 선비지만 일본에

영화 〈7인의 사무라이〉 속 사무라이들.

서는 사무라이를 말합니다. 그래서 일본에서 사농공상이라고 하면 사무라이, 농민, 공인, 상인이 됩니다. 사무라이는 신분이 높습니다. 낭인은 우리나라로 치면 몰락한 양반인 겁니다.

일본에서는 다이묘가 쌀을 몇 섬 거둬들일 수 있느냐가 굉장히 중요합니다. 거둬들이는 쌀의 양에 따라 고용할 수 있는 사무라이의 수가 정해져 있기 때문입니다. 예를 들어 쌀 두 섬당 사무라이 한 명을 고용할 수 있다고 치면, 100섬을 거둬들일 수 있는 다이묘라면 사무라이 50명을 고용할 수 있는 겁니다. 그렇기 때문에 수조권을 계속해서 늘려가려고 하죠. 늘어난 만큼 사무라이를 고용할 수 있으니까요. 사무라이를 많이 고용해야 전쟁을 할 수 있는 힘을 키우게 됩니다.

이렇게 힘을 길러서 일본을 통일하는 사람이 여러분이 잘 아는 도요토미 히데요시입니다. 그리고 도요토미가 임진왜란을 일으켰다가 지면서, 도요토미 히데요시를 누르고 에도막부를 연 사람이 도쿠가와 이에야스입니다. 간단히 말하면 다이묘 중에서도 경쟁을 해서 이긴 다이묘가 최고 다이묘가 된 겁니다. 그러니까 도요토미 히데요시나 도쿠가와 이에야스가 최고 다이묘입니다.

이제 다이묘를 통합한 최고 다이묘가 등장했기 때문에 각 지방의 다이묘들에게 나뉘어 있던 권력이 다시 중앙으로 몰립니다. 그러면서 신분 질서를 다시 정립하죠. 도요토미 히데요시가 일본을 본격적으로 사농공상 사회로 재편합니다. 평민은 사무라이가 될 수 없도록 막은 것입니다.

이유는 신분 질서를 재확립하면서 동시에 사무라이들을 견제하려는 것이었습니다. 어쨌든 사무라이는 피곤한 부류입니다. 싸우는 것이 직업이기 때문에 언제 자신한테 칼을 들이댈지 모르니까, 평민이 사무라이가 되는 것을 막아서 사무라이의 수를 제한하는 겁니다.

대신 사무라이한테는 유화책으로 특혜를 줍니다. 칼 두 자루를 차고 다니고, 성(姓)을 쓰도록 허락합니다. 우리로 치면 김씨, 이씨, 박씨처럼 성을 준 거죠. 일본에서는 성이 굉장히 늦게 생겨납니다. 메이지유신 이후에야 강제로 성을 만들도록 했죠. 그래서 메이지유신 이후에 일본 사람들이 길을 가다가 버드나무를 보면 버드나무 성, 이런 식으로 성을 짓게 됩니다. 그러니까 사무라이들은 이름만으로도 사

메이지유신 明治維新

일본의 막번 체제를 해체하고 왕정복고를 통해 중앙집권적 권력을 확립한 광범위한 변혁 과정을 메이지유신이라고 합니다. 시기에 대해서는 여러 의견이 있지만 1853년에서 1877년 전후를 메이지유신 시대로 보고 있습니다. 이를 통해 일본은 근대적 통일국가가 되었고, 경제적으로는 자본주의, 정치적으로는 입헌정치를 시작하게 되었습니다. 또 사회문화적으로 근대화를 추진하게 되었습니다.

무라이라는 것을 알 수 있게 성을 쓰도록 한 겁니다.

이 당시 일본의 평민들은 칼을 못 차고 다녔습니다. 사무라이들만 칼을 차고 다닐 수 있었는데, 그것도 두 자루를 차도록 한 겁니다. 또 성도 있었죠. 하지만 사무라이 유화책의 핵심은 평민에 대한 즉결처분권입니다. 사무라이가 길을 걸어가고 있는데 평민이 인사를 안 하면 그 평민을 즉결처분할 수 있는 겁니다. 나중에는 너무 남용되어서 제한을 하지만, 어쨌든 대단한 권한을 가진 겁니다. 평민은 사무라이와 눈도 제대로 못 마주쳤습니다. 언제 무슨 이유로 죽일지 모르니까요.

이렇게 도요토미 히데요시가 사무라이들을 대우해줬는데, 이후에 도쿠가와 이에야스가 일본을 통일하고 에도막부 시대가 열리면서 전쟁이 없어졌습니다. 그러면 사무라이들이 할 일이 없어지겠죠? 우리나라 선비는 평화로운 시대에 할 일이 많았지만, 사무라이는 할 일이 없었습니다. 그렇다고 해서 사농공상 체제가 분명하니 농사를 짓거나 장사를 할 수도 없습니다. 그러니까 이때부터 하는 일이 노는 겁니다. 책 읽고 검도나 하면서 놀고먹는 거죠.

사무라이의 투구와 갑옷.

사무라이 하면 옆 사진과 같은 복장이 떠오릅니다. 그런데 저런 걸 입고 어떻게 전쟁을 합니까? 원래 전국시대의 투구나 갑옷은 훨씬 단순했습니다. 그런데 평화로운 시대가 오니까 할 일이 없어서 저렇게 치장을 한 겁니다.

그러면 사무라이는 언제 몰락할까요? 우리와 똑같습니다. 개항을 하면서 조선 양반계층이 몰락한 것처럼 사무라이도 개항과 함께 몰락합니다. 페리 제독이 일본을 개항하게 하고 천황 체제가 성립됩니다. 메이지유신 과정에서 다시 천황이 권력의 중심에 서게 됩니다. 그러면 봉건 기사인 사무라이들이 무슨 필요가 있겠습니까? 그래서 몰락하고 맙니다.

메이지유신 이후 천황은 다이묘를 중앙정부에서 파견하도록 했습니다. 이제 다이묘는 지방 관리의 하나로 몰락하는 겁니다. 따라서 독자적으로 사무라이를 보유할 수 없게 됩니다. 그다음으로 직업 선택을 자유롭게 합니다. 사무라이도 장사를 할 수 있고, 거꾸로 평민도 사무라이가 될 수 있습니다. 평민도 성을 가질 수 있습니다. 그리고 결정적으로 징병제를 시행합니다. 사무라이는 일종의 사병입니다. 그런데 국가에 공식 군대가 생기니 더이상 사병이 필요하지도 않고, 사병을 쓸 사람도 없는 겁니다. 그렇게 사무라이는 사라지게 됩니다.

라스트 사무라이 The Last Samurai (2003)

감독: 에드워드 즈윅
출연: 톰 크루즈, 와타나베 겐

사무라이들도 마지막 저항을 합니다. 톰 크루즈가 나왔던 영화 〈마지막 사무라이〉를 보면 마지막 남은 사무라이 집단을 없애려는 일본 천황과 그에 대항하는 사무라이들이 나옵니다. 이때 사무라이들이 주장했던 것이 정한론입니다. 조선을 정벌해야 한다고 주장했던 겁니다. 전쟁이 필요한 사람들이니까 전쟁을 하자고 할 수는 있지만, 애먼 우리나라를 정벌하자고 했으니 사무라이는 사라져야 하는 것이 맞는 듯합니다.

〈타이타닉〉으로 본
대형 운송수단 사고의 역사

★

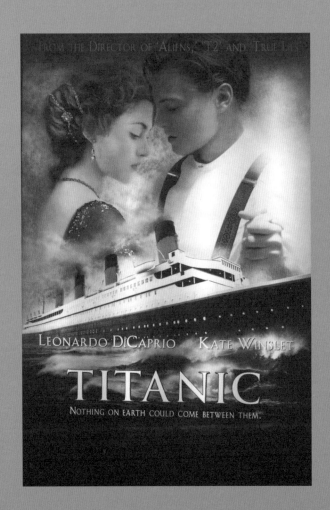

타이타닉 Titanic (1997)
감독: 제임스 캐머런
출연: 리어나도 디캐프리오, 케이트 윈즐릿

다시 한번 〈타이타닉〉입니다. 앞에서는 타이타닉호의 침몰 상황과 존 롤스의 정의론을 비교하기 위해서 영화의 내용도 주제에 맞게 각색했습니다. 이번에는 타이타닉호와 같은 대형 운송수단의 사고를 같이 살펴보려고 합니다. 영화 〈타이타닉〉은 굉장히 로맨틱합니다. 그런데 실제로도 그럴까요?

제임스 캐머런 감독이 아카데미 작품상을 위해서 마음먹고 만든 영화가 〈타이타닉〉입니다. 〈터미네이터〉 같은 영화로 엄청난 흥행 기록을 거둔 감독이지만 아카데미상은 받지 못했었죠. 그래서 캐머런 감독이 상을 위해서 작정하고 만든 겁니다. 실제로 아카데미상을 휩쓸면서 스스로 천재 감독임을 입증했고요.

주인공은 로즈와 잭입니다. 로즈는 일등실 승객이고, 젊은 화가 잭은 삼등실 승객입니다. 로즈의 약혼자는 집안이 매우 좋습니다. 그래서 로즈의 부모님이 강제로 결혼을 시키려고 하죠. 그러니까 로즈는 어떤 의미에서는 돈에 팔려가는 겁니다. 이에 로즈가 자살을 하려고 선미에 나와 있는데, 이때 자살하려는 로즈를 잭이 말립니다. 그러고는 둘이 사랑에 빠집니다.

잭을 사랑하게 된 로즈가 잭과 함께 삼등실로 내려가서 파티를 즐기는 장면이 나옵니다. 그곳에서 같이 춤추고 즐기는 사이에 두 사람은 점점 더 사랑에 빠지고, 화가인 잭이 로즈의 누드화를 그립니다. 그 그림을 보게 된 로즈의 약혼자가 잭에게 누명을 씌워 잭을 지하 선

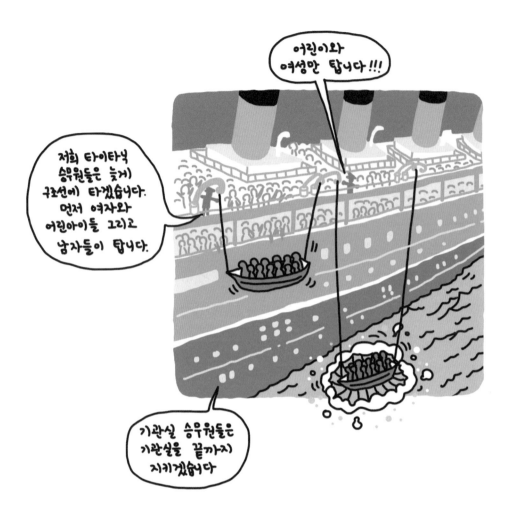

실에 가둬버리는데, 그때 타이타닉호가 침몰하기 시작합니다.

로즈는 원래 구명보트를 탈 수 있었습니다. 하지만 잭이 보이지 않자 구명보트를 포기하고 잭을 찾으러 갑니다. 잭도 구명보트를 못 타고 있었고, 결국 둘 다 구명보트를 놓칩니다. 끝내 둘은 바다에 빠지고 마는데, 사람 한 명이 탈 만한 뗏목 같은 걸 발견해 로즈가 그 위로 올라가고, 잭은 뗏목에 매달려 수면에 있다가 저체온증으로 죽습니다.

마지막으로 살아남은 로즈가 약혼자와 파혼하고 혼자 자기 삶을 살다가, 나중에 몇십 년 전 이 일을 회고하면서 영화가 끝납니다.

end

타이타닉호

 영화 속에서 잭은 저체온증으로 죽습니다. 실제로 바다에 빠지면 익사하는 사람보다 저체온증으로 죽는 사람이 더 많습니다. 막상 바다에 떨어져도 부표 같은 것들이 있으니 수영을 조금만 하면 다 잡을 수가 있습니다. 만약 강의실에 물이 가득찼다고 가정하면 책상 같은 것들은 물위에 뜰 겁니다. 그러면 그걸 잡고 있는 거죠. 물론 수영을 못하면 익사하겠지만 조금이라도 하는 사람은 그런 것들을 잡고 있으면 됩니다. 그렇지만 구조가 늦어지면 결국 저체온증으로 죽게 되는 겁니다.

 앞에서 실펴본 내용을 다시 한번 정리해보겠습니다. 당시 타이타닉에는 구명보트가 스무 척 있었습니다. 대략 60명이 정원이니까 1200명 정도를 태울 수 있었습니다. 당시 타이타닉에 승선한 인원이 2224명이고, 보트에 태울 수 있는 인원은 1178명이었습니다. 지금은 어느 배나 정원에 맞게 구명보트가 준비되어 있어야 합니다. 정원과 구명보트 탑승 인원이 같아야 하죠. 하지만 타이타닉은 그렇지 않았습니다. 그나마도 타이타닉의 표가 매진되지 않아서 탑승 인원 절반 정도의 구명보트가 있는 것이지, 정원대로라면 타이타닉에는 3300여 명이 탈 수 있었습니다. 그러니까 표가 모두 팔렸으면 3분의 1밖에 구명보트에 못 타는 겁니다.

 그런데 타이타닉의 생존자는 710명입니다. 그러니까 1200명이 탈 수 있는 구명보트가 있는데 710명밖에 못 탄 겁니다. 이유는 두 가지가 있습니다. 먼저 배가 기울기 시작하는데, 타이타닉은 엄청나게 큰 배니까 천천히 기울겠죠? 그러니 사람들이 왠지 다시 균형을 잡을 것 같기도 하고, 또 누군가 구해주겠지 싶었던 겁니다. 게다가 구명보트는 출렁출렁하니까 사람들이 보기에는 구명보트가 더 불안해 보인 거죠. 그래서 처음에는 사람들이 보트에 잘 안 타려고 했습니다.

두번째는 앞서 말씀드린 것처럼 사람을 보트에 태우는 순서와 관계가 있습니다. 구명보트를 타는 순서는 선장이 결정하게 되어 있습니다. 타이타닉의 선장은 여자와 아이를 먼저 태우라고 명령했습니다. 하지만 사람들을 태우는 항해사마다 융통성과 일 처리가 달랐던 거죠. 1등 항해사는 융통성 있게 여자와 어린아이, 남자도 태운 반면에 오른쪽에 있던 2등 항해사는 어른은 무조건 뒤로 보내고 아이가 나올 때까지 기다린 겁니다. 그래

타이타닉호의 구조율과 사망률

탑승자 분류	총원	구조율	사망률	구조 인원	사망 인원
일등실 남성	175	33%	67%	57	118
일등실 어린이	6	83%	17%	5	1
일등실 여성	144	97%	3%	140	4
이등실 남성	168	8%	92%	14	154
이등실 어린이	24	100%	0%	24	0
이등실 여성	93	86%	14%	80	13
삼등실 남성	462	16%	84%	75	387
삼등실 어린이	79	34%	66%	27	52
삼등실 여성	165	46%	54%	76	89
남성 총합	1690	20%	80%	338	1352
어린이 총합	109	51%	49%	56	53
여성 총합	425	74%	26%	316	109
승무원 남성	885	22%	78%	192	693
승무원 여성	23	87%	13%	20	3
전체 총합	2224	32%	68%	710	1514

서 2등 항해사 쪽은 정원을 못 채운 구명보트도 생겼죠. 이래서 사람이 융통성이 있어야 합니다. 선장이 여자와 아이만 태우랬다고 배가 비어 있는데도 정말 여자와 아이만 태운 겁니다.

그러면 타이타닉에서 성별, 연령별 생존율은 어떨까요? 남자와 여자, 승객과 승무원, 일등실과 삼등실 승객 중에 어느 쪽이 많이 살아남았을까요? 타이타닉에서는 여자, 일반인, 일등실 승객, 아이들일수록 살아남을 확률이 높았습니다. 생존과 관련된 표를 보면 남성은 생존율이 현저하게 떨어집니다. 여성이 남성보다 생존율이 네 배 가까이 높습니다. 그러니까 여자가 살 확률이 더 높았다는 걸 알 수 있습니다. 승무원 생존율은 전체 생존율보다 떨어집니다. 승무원이 죽을 확률이 더 높았다는 걸 알 수 있습니다. 일등실 남성 생존율과 삼등실 남성 생존율을 보면 일등실 승객 쪽이 높습니다. 일등실 여성의 경우는 거의 다 살았습니다. 영화에서도 어쨌든 로즈는 살았고 잭은 죽었습니다. 영화가 굉장히 현실적인 겁니다. 삼등실 여성도 50퍼센트 가까이 살았습니다. 어린이들도 일등실과 이등실에 타고 있던 아이들은 거의 다 살았습니다.

승무원들은 기사도 정신을 발휘해 승객들을 먼저 태웠습니다. 특히 맨 아래층 기관실 승무원들은 기관실을 끝까지 지킵니다. 어떻게든 배를 살려보려고 끝까지 남았다가 다 죽습니다.

일등실 승객이 많이 살아남았는데, 이건 앞에서도 말씀드렸지만 배의 구조 때문이었죠. 일등실이 갑판에서 가깝다보니 아무래도 이등실, 삼등실 승객들보다 먼저 보트에 도착할 수 있었던 겁니다. 결국 삼등실 승객이 많이 죽은 건 구명보트에서 멀었기 때문이죠.

여기에 하나 더하자면 당시에는 확성기가 없었습니다. 지금은 선내에서 방송을 합니다. "승객 여러분, 배가 파손되었습니다. 구명조끼를 착용하고 모두 갑판으로 올라오십시오"라고 하면 되는데, 타이타닉 시절에는 이런 게 없었습니다. 영화에서도 승무원들이 뛰어다니면서 소리칩니다. 그러다 보니 삼등실은 아무래도 갑판에서 맨 아래쪽에 있으니까 늦게 알았던 겁니다. 일등실은 바로 갑판 아래니까 빨리 알았던 거고요.

또 한 가지, 타이타닉호는 복도 길이가 총 20킬로미터에 달합니다. 구조도를 보면 갑판 아래로 층도 많고 엄청나게 복잡하다는 걸 알 수 있습니다. 타이타닉의 승무원들이 가장 중요하지만 또한 가장 힘들어했던 일이 승객들에게 길을 가르쳐주는 것이었습니다. 복도가 길고 복잡해서 자기 객실도 못 찾는 사람이 그만큼 많았던 겁니다. 그러니까 사고가 났을 때는

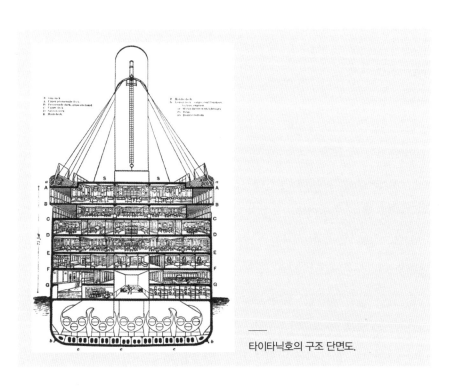

타이타닉호의 구조 단면도.

삼등실 승객이 갑판으로 가는 게 더 쉽지 않았을 겁니다. 배는 기울기 시작하는데, 복도가 너무 복잡한데다 설령 길을 알고 있더라도 가기까지가 너무 멀었던 겁니다.

한 가지 흥미로운 사실은 직업으로 볼 때 하인들이 많이 살아남았습니다. 하인들이 주인을 모시려면 삼등실에 타야 할까요? 주인들은 일등실에 있는데요. 확성기도 없는데 주인이 삼등실까지 20킬로미터를 걸어와서 일을 시키지는 않을 겁니다. 그러니까 하인들도 일등실에 타고 있었던 겁니다. 그리고 예를 들어 남편이 아내를 구명보트에 태우고, "자네가 돌봐주게나" 하고 아내를 모시던 하인을 태우는 겁니다. 영화에도 이런 장면들이 나옵니다.

에스토니아호

끔찍한 사고들은 타이타닉호 외에도 많습니다. 에스토니아호 침몰 사고도 대표적인 경우죠. 승객 803명, 승무원 186명, 총 989명이 승선한 배입니다. 이중 생존자가 138명인데 그중에서 3분의 1이 승무원입니다. 승무원 189명 중에서 46명이 살았고, 승객은 803명 중에 92명이 산 겁니다. 일반인은 생존율이 10퍼센트 남짓인데, 승무원 생존율은 일반인의 두 배였던 겁니다.

더 놀랄 만한 건 에스토니아호가 침몰할 때 승무원들이 내보낸 방송입니다. "스칼렛을 찾습니다." 이게 배가 침몰한다는 승무원들끼리의 암호입니다. 그러니까 승무원들만 알아들은 겁니다. 이걸 듣고 승무원들은 다 대피한 거죠. 승무원들 중에서도 남자가 더 빨리 뛸 수 있으니 남자 승무원들이 많이 살았습니다.

1852년부터 2011년까지 약 160년간 일어난 대형 여객선 사고 열여섯 건을 조사한 결과가 있습니다. 생존율은 남성이 여성의 두 배입니다. 이 점을 고려한다면 그나마 타이타닉호에는 기사도를 발휘하는 선장과 융통성 있는 승무원, 책임감이 강한 남자들이 타고 있었습니다. 타이타닉의 선장은 끝까지 배를 지켰고요. 우리나라에도 이런 선장이 있었다면 그날 상황은 달라졌을 겁니다.

선박사고에서 가장 중요한 건 빨리 구명보트를 타는 겁니다. 갑판까지 빠르게 뛰어갈 수 있는 정보를 알아야 합니다. 그래서 실제로 선박사고에서는 건장한 남성과 승무원이 많이 살아남습니다. 특히 일등실 남자 승객이 많이 살아남습니다.

항공사고

요즘 대규모 승객의 이동은 배보다는 주로 비행기로 이루어집니다. 10대 항공 사고를 정리해봤는데, 우리나라에도 가슴 아픈 사건이 있었죠. 1983년에 대한항공 여객기가 항법장치 이상으로 소련 영공에 들어갔는데, 이를 미국의 스파이기로 오인한 소련군이 전투기로 격추했습니다.

10대 항공사고만 보면 생존율이 굉장히 낮은 듯하지만, 비행기 사고가 나더라도 95퍼센트 이상 살아남습니다. 비행기 사고가 생각만큼 자주 일어나는 건 아닙니다. 비행기 사고가 일어날 확률은 6000만 분의 1입니다.

세계 10대 항공사고

대한항공 007편 격추 사건

1983년 9월 1일 | 소련 모네론 섬 인근
사망자: 269명 (생존자 없음)

항법장치 이상으로 잘못된 항로로 소련 영공으로 짐입한 비행기를 소련 전투기가 격추한 사건.

아메리칸항공 191편 추락 사고

1979년 5월 25일 | 미국 시카고 오헤어 공항
사망자: 273명 (생존자 없음)

이륙 도중 엔진 이상으로 지상으로 추락한 사고.

이란항공 655편 격추 사건

1988년 7월 3일 | 페르시아 만 호르무즈 해협
사망자: 290명 (생존자 없음)

이란-이라크 전쟁중 미군 미사일에 의해 격추된 사건.

에어아프리카 충돌 사고

1996년 1월 8일 | 콩고민주공화국 킨샤사
사망자: 227명

이륙 실패로 활주로를 이탈한 비행기가 킨샤사 시장을 덮친 사고. 탑승객은 한 명도 사망하지 않았으며, 사망자는 모두 시장에 있던 사람들.

사우디항공 163편 화재 사고

1980년 8월 19일 | 사우디아라비아 리야드
사망자: 301명 (생존자 없음)

공항 이륙 후 화물칸 화재로 비행기가 전소한 사고.

이란 일류신 II-76 추락 사고

2003년 2월 19일 | 이란 케르만 인근
사망자: 275명 (생존자 없음)

악천후 때문으로 추정하나 정확히 밝혀지지 않은 원인으로 추락.

터키항공 981편 추락 사고

1974년 3월 3일 | 프랑스 우아즈 주의 에르메농빌 숲
사망자: 346명 (생존자 없음)

화물칸 잠금장치가 열리면서 기내 기압이 일시에 빠져나가 조종 불가능 상태에서 발생한 사고.

차르키다드리 공중 충돌 사고

1996년 11월 12일 | 인도 차르키다드리(Charkhi Dadri)
사망자: 349명 (생존자 없음)

사우디아라비아항공 소속 763편 항공기와 카자흐스탄항공 소속 1907편 항공기가 인도 차르키다드리 상공에서 공중 충돌한 사고.

일본항공 123편 추락 사고

1985년 8월 12일 | 일본 우에노
사망자: 520명 (생존자 4명)

꼬리날개 부분의 폭발로 추락한 사고.

테네리페 대참사

1977년 3월 27일 | 카나리아제도 테네리페 공항
사망자: 583명 (생존자 61명)

지상 이동중이던 비행기와 이륙중이던 비행기가 활주로에서 충돌한 사고.

16만 년간 매일 비행기를 타야 사고가 한 번 나는 확률입니다. 비행기를 타고 미국에 가다가 사고가 날 확률보다 인천공항까지 운전하고 가다가 사고가 날 확률이 훨씬 더 높습니다.

항공기 사고 시 안전하기 위해서는 어디에 타야 할까요? 물론 대부분의 비행기는 자기가 좌석을 정하기가 어렵습니다. 그런데 요즘은 비행기를 탈 때 예약좌석제라는 것이 있습니다. 미리 좌석을 지정할 수 있는데, 그러면 무조건 비상구에서 가까운 곳에 앉으면 됩니다. 선박사고에서 일등실 승객이 많이 살아남은 이유가 구명보트에서 가까웠기 때문입니다. 그러니까 비행기에서는 비상구와 가까운 곳이 좋습니다. 비상구 좌석이면 일석이조입니다. 앞 공간이 다른 좌석보다 조금 넓습니다.

그런데 항공사에서 비상구 좌석을 줄 때는 꼭 영어 가능 여부를 묻습니다. 그 자리를 주는 이유는 비상시에 다른 사람들을 대피시키고 나중에 내리라는 뜻입니다. 그러니 비상구 좌석은 책임이 막중한 자리이기도 합니다.

창가와 복도 중에는 어디가 더 안전할까요? 당연히 복도 쪽입니다. 사고가 생겼을 때 비상구까지 조금이라도 빨리 갈 수 있을 테니까요. 비행기가 착륙하는 과정에서 사망하는 경우는 두 가지로 볼 수 있는데, 하나는 충격입니다. 충격으로 바로는 안 죽더라도 정신을 잃게 됩니다. 그다음은 화재가 발생해 질식해서 죽는 경우입니다. 만약 창가에 앉아 있다가 사고가 나면 나는 멀쩡해도 옆 사람이 질식해 쓰러졌다거나 하면 나오는 데 시간이 걸릴 수밖에 없습니다. 그래서 복도 쪽이 더 안전합니다.

비행기 날개 옆이 안전하다는 말은 잘 가려들을 필요가 있습니다. 연료 탱크는 비행기 날개 옆에 있습니다. 그곳에 불이 붙으면 손을 쓸 수가 없습니다. 그래서 날개 쪽 기체가 더 두껍긴 하지만 연료탱크가 있기 때문에, 날개 쪽이 안전하다는 것은 속설입니다.

　가장 중요한 것은 비행기가 추락하면 본능적으로 엎드리게 되는데, 이때 머리를 감싸고 엎드려야 부딪쳐서 기절하는 걸 방지할 수 있습니다. 또 연기가 나면 절대 일어서면 안 됩니다. 아래쪽에 있어야 시야도 확보됩니다. 머리를 숙이고 있다가 바닥 쪽으로 기어가야 합니다. 벨트를 푸는 것도 중요합니다. 비행기 벨트는 대부분 자동차 벨트와 반대쪽에 있습니다. 하지만 당황하면 잊어버리기가 쉽습니다.

〈쇼생크 탈출〉로 본
탈옥의 역사

★

FEAR CAN HOLD YOU PRISONER.
HOPE CAN SET YOU FREE.

TIM ROBBINS · MORGAN FREEMAN

THE
SHAWSHANK
REDEMPTION

CASTLE ROCK ENTERTAINMENT
FRANK DARABONT · TIM ROBBINS · MORGAN FREEMAN "THE SHAWSHANK REDEMPTION" BOB GUNTON · WILLIAM SADLER
CLANCY BROWN · GIL BELLOWS AND JAMES WHITMORE AS BROOKS · THOMAS NEWMAN · RICHARD FRANCIS-BRUCE
TERENCE MARSH · ROGER DEAKINS, B.S.C. · LIZ GLOTZER AND DAVID LESTER · STEPHEN KING
FRANK DARABONT · NIKI MARVIN · FRANK DARABONT · CASTLE ROCK

쇼생크 탈출 The Shawshank Redemption (1994)
감독: 프랭크 대러본트
출연: 팀 로빈스, 모건 프리먼

포스터 속의 장면이 정말 인상 깊게 남은 영화 〈쇼생크 탈출〉입니다. 가장 유명한 장면이기도 하고, 가장 찡한 장면이기도 합니다. 쇼생크라는 감옥을 탈출한 앤디의 이야기입니다. 우리는 모두가 탈출을 꿈꿉니다. 꼭 감옥에 있지 않더라도 일상으로부터의 탈출을 꿈꾸기도 합니다. 그래서 이번에는 영화와 함께 실제 탈옥 사건에 대해서 알아보겠습니다.

　　앤디는 부인의 정부를 살해했다는 이유로 종신형을 선고받습니다. 영화의 첫 장면에서 앤디가 술을 한 잔 마십니다. 아내가 바람을 피웠다는 이야기를 듣고 마신 겁니다. 그러고는 총을 들고 가서 협박을 하려고 마음먹습니다. 그리고 갑자기 장면이 바뀌면서 재판 장면이 나옵니다. 앤디는 술을 먹으면 기억장애를 겪습니다. 보통은 필름이 끊긴다고 하죠. 아내의 정부가 죽었는데, 실제 범인은 앤디가 아니었습니다. 어쨌든 그는 종신형을 받고 쇼생크 감옥에 수감됩니다.

　　앤디는 인텔리 출신이기 때문에 처음 감옥에 들어가자마자 엄청난 괴롭힘에 시달립니다. 폭행은 기본이고, 성폭행도 당하게 되죠. 그러다가 레드라는 동료를 만납니다. 레드가 앤디에게 "교도소에서 그렇게 살다가는 죽는다"고 말합니다. 그렇게 친구가 된 레드에게 앤디가 어느 날 돌을 깎아서 체스 말을 만들 망치를 하나 구해달라고 부탁합니다.

　　앤디는 원래 회계사이자 증권 브로커였습니다. 세무에 관해서도 잘 알았습니다. 교도관 한 명이 세금 문제를 고민하고 있을 때 우연히 앤디가 조언을 해줘 문제가 해결됩니다. 이게 소문이 나서 모든 교도관, 심지어 다른 감옥 교도관들의 세금까지 정산을 해줍니다. 그러다 보니 앤디에 대한 소문이 퍼져 교도소장의 귀에까지 들어갑니다.

어느 날 교도소장이 앤디를 불러 교도소 자금과 관련된 업무를 시킵니다. 간단히 말해 탈세를 하기 위해 앤디를 부른 겁니다. 앤디는 교도소 밖에 가상의 사람들을 창조해놓습니다. 그러고는 교도소에서 그 사람한테 돈을 보내는 겁니다. 그 돈은 교도소장이 착복합니다. 그렇게 교도소장은 돈을 벌기 시작하고, 당연히 앤디에게도 신뢰를 보냅니다.

그러던 중 쇼생크에 토미라는 죄수가 들어옵니다. 토미는 앤디에게 교과 수업을 받으면서 친해졌습니다. 그러다가 우연히 앤디가 감옥에 오게 된 사연을 듣게 되죠. 토미는 자신이 그 진범이 하는 말을 들었다고 말합니다. 드디어 앤디가 진범을 알게 된 겁니다.

앤디는 교도소장에게 토미에게 들은 이야기를 전하면서 다시 재판을 할 수 있게 해달라고 부탁합니다. 그런데 교도소장 입장에서는 이걸 들어줄 수가 없습니다. 교도소 운영비를 빼돌린 사실을 앤디가 나가서 고발하게 되면 곤란해지니까요. 앤디는 비밀을 절대로 말하지 않겠다고 하지만, 교도소장은 믿지 않았습니다. 앤디가 나가면 더이상 운영자금을 착복할 수 없기도 하고요. 그래서 교도소장은 토미를 죽이고, 앤디는 한동안 독방 신세를 지게 됩니다.

이때부터 앤디는 본격적으로 탈출하기로 마음을 먹습니다. 레드에게 구한 작은 망치로 벽을 파는 겁니다. 벽을 파느라 생긴 부스러기는

운동장에 버리고, 벽을 판 곳에는 포스터를 붙여놓습니다. 그렇게 20년 동안 벽을 팝니다. 그리고 마침내 하수구를 기어서 쇼생크 밖으로 탈출합니다.

탈출을 한 앤디는 교도소장의 탈세 사실을 폭로합니다. 경찰이 체포하러 온 날, 교도소장은 자살을 하죠. 교도소장이 빼낸 돈은 앤디가 찾아갑니다. 결국 앤디는 자신이 꿈꾸던 바닷가에서 작은 보트를 사서 생활합니다.

앤디가 탈출하고 몇 년이 지나 레드가 출소합니다. 몇십 년 만에 출소한 레드는 하루하루 일상에 힘겹게 적응해가다가 불현듯 앤디의 말을 떠올립니다. 앤디가 레드에게 메시지를 남겼던 거죠. 레드는 앤디가 말한 장소에 묻혀 있는 상자를 찾습니다. 그러고는 앤디가 있는 바닷가로 찾아가 두 사람이 재회하면서 영화가 끝납니다.

이 영화는 진행이 굉장히 빠릅니다. 수십 년의 시간을 빠르게 보여주기 때문에 지금 봐도 전혀 지루한 느낌 없이 재미있습니다. 아직 안 보신 분이 있다면 꼭 보시기를 추천합니다.

end

알톤 교도소 탈옥 사건

영화나 드라마에서는 탈옥이 꽤 자주 소재로 등장합니다. 그런데 실제로는 탈옥하기가 쉽지 않습니다. 하지만 그런 경우가 없는 건 아니죠. 우리나라에서도 있었고, 세계적으로도 유명한 탈옥 사건들이 꽤 있습니다.

첫번째로 볼 사건은 콴테이 애덤스라는 사람이 미국 일리노이에 있는 알톤 교도소를 탈옥한 사건입니다. 일단 탈옥하는 사람은 대부분 교도소에 들어갈 때부터 탈옥을 꿈꾸는 경우가 많습니다. 특히 알톤 교도소가 조금 부실해 보이기는 합니다. 우리나라처럼 높은 담장이 없고 건물만 하나 있습니다. 그래서 위를 뚫고 나와서 줄을 타고 내려오면 되는 겁니다. 쉽다고 하긴 애매하지만 경로가 비교적 간단합니다.

알톤 교도소 감방 구조

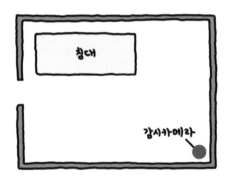

감방 안에는 감시카메라가 있습니다. 카메라를 통해서 감시하는 거죠. 그러면 실제로 탈옥할 방법이 없습니다. 영화에 나오는 쇼생크에는 이런 게 없었습니다. 그러니까 밤에 몰래 망치로 벽을 팔 수 있었던 겁니다. 그런데 알톤 교도소는 카메라로 24시간 감시하니까 방법이 없어 보입니다. 어떻게 했을까요?

탈옥하는 사람치고 머리 나쁜 사람은 없을 겁니다. 콴테이는 계속 연구를 했겠죠. 그러다가 카메라의 문제점을 찾았습니다. 바로 사각지대입니다. 카메라 바로 아래가 사각지대입니다. 그곳에 숨으면 카메라로는 뭘 하고 있는지 알 수가 없습니다.

그런데 문제가 있습니다. 방에서 한참 동안 안 보이면 이상하겠죠? 하지만 카메라 아래가 바로 화장실입니다. 그래서 콴테이는 계속 설사약을 달라고 했습니다. 설사병에 걸린 것처럼 약을 받고 계속 화장실로 가는 겁니다. 그러니까 그가 카메라에 안 보여도 의심을 하지 않았던 거죠. 그러고는 화장실에서 계속 천장을 뚫습니다.

천장을 뚫으려면 줄톱이 필요합니다. 줄톱은 어떻게 들여왔을까요? 콴테이는 다시 한번 기지를 발휘합니다. 감옥에서는 옆으로 방이 쭉 연결되어 있습니다. 만약에 제 방이 105호라면, 밖에 있는 친구를 시켜서 옆방인 106호에 두꺼운 책을 보내라고 합니다. 예를 들면 『자본론』처럼 아주 두껍고 어려운 책을 보내는 겁니다. 그리고 그 책 안에 줄톱을 끼워서 보내는 거죠. 이렇게 하면 만약에 반입 과정에서 걸려도 자기는 책임을 질 일이 없습니다. 옆방 사람에게 보낸 책이기 때문에 괜찮은 거죠. 이렇게 해서 옆방에 책을 보냈는데, 책이 두껍고 재미없으니까 옆방 사람이 안 보겠죠. 그러면 콴테이가 2주 정도 지나고 가서 그 책을 빌리는 겁니다. 거기서 줄톱을 빼내고요.

그렇게 해서 천장을 뚫고 옥상으로 올라가면, 이제는 줄을 타고 아래로 내려와야 하잖아요. 영화에서도 많이 나오죠. 줄이 없으니까 침대 시트를 찢어서 엮어 내려갑니다. 그렇게 내려왔더니 다음 문제가 기다리고 있습니다.

교도소는 보통 외딴 곳에 있습니다. 그래서 걸어서 도망치는 데는 한계가 있습니다. 아침이 되면 교도소에서 점호를 하니까 걸릴 수밖에 없죠. 그래서 아침이 되기 전에 최대한 멀리 도망을 가야 합니다. 그러려면 뭐가 필요합니까? 탈옥의 필수품, 차가 필요합니다. 그러면 차는 어떻게 마련했을까요? 정말 대단한 사람입니다.

콴테이는 흑인입니다. 당시 교도소에는 신문이 안 들어왔으니 방법은 모르겠지만, 어쨌든 그가 신문에 실린 광고를 하나 봅니다. '흑인 남성과 만나고 싶습니다—백인 여성'이라는 광고를 보고 전화를 합니다. 전화를 건 과정도 복잡한데요, 원래 수신밖에 안 되는 전화기를 조작해서 발신도 가능하게 합니다. 그렇게 전화를 해서 광고를 낸 백인 여성을 꾀는 겁니다. 결국 그 여자가 면회를 왔습니다. 보통 사람과는 한참 거리가 먼 사고를 하는 여자였죠. 어쨌든 콴테이는 여자가 목적이 아니라 차가 목적이니까 상관없었을 겁니다. 열심히 대화를 나누면서 여자가 콴테이에게 완전히 반합니다. 콴테이는 여자에게 자신의 탈옥 계획을 말합니다. 몇 월 며칠에 탈옥을 할 테니 차를 가지고 오라고 합니다. 그래서 여자가 콴테이가 탈옥하는 날 차를 가지고 왔습니다. 그 차로 함께 도망을 가다가 여자가 슈퍼마켓에서 물건을 사는 동안 콴테이는 그대로 도망가버립니다.

피츠버그 집단 탈옥 사건

콘테이보다 더 유명한 폰테스라는 사람이 있습니다. 피츠버그 서부 교도소를 탈옥했는데, 혼자 탈출한 건 아닙니다. 〈프리즌 브레이크〉라는 미국 드라마 보셨나요? 몸에 교도소 지도를 문신으로 새기고 엄청난 계획을 세워서 탈옥하는 과정을 그린 드라마입니다. 드라마처럼 온몸에 지도를 그리거나 한 것은 아니지만, 폰테스를 포함한 여섯 명이 치밀하게 계획을 세워 집단으로 탈옥하는 데 성공한 사건입니다.

폰테스는 우선 모범수로 행동합니다. 3년 동안 모범수로 생활하면서 교도소의 운영 패턴과 교도관의 행동 패턴을 파악합니다. 그리고 교도관과 친하게 지내면서 관리실에서 일을 하게 됩니다. 왜 관리실일까요? 피츠버그 서부 교도소의 구조를 보면 답이 나옵니다.

서부 교도소의 구조

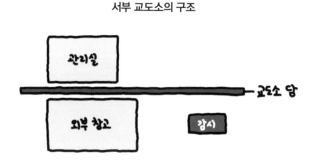

관리실이 담과 가까이 있습니다. 그런데 관리실에서 담을 넘을 수는 없으니까 담 밑으로 땅굴을 파야 합니다. 그래서 우선은 관리실에서 일을 하려고 한 겁니다. 그런데 관리실에 마음대로 들어가려면 열쇠가 있어야 합니다. 이 열쇠를 기가 막힌 방법으로 만들어냅니다. 교도관들이 열쇠를 허리에 매고 다니는데, 폰테스는 친구를 시켜서 교도관과 시비가 붙게 합니다. 그때 폰테스가 말리는 척하면서 스티로폼을 비누와 섞어서 열쇠에 대고 본을 뜬 겁니다. 정말 머리가 좋은 사람입니다.

이렇게 뜬 본으로 열쇠를 만들 사람이 있어야겠죠. 그래서 죄수 중에 열쇠 만들 줄 아는 사람을 꼬드깁니다. 또 열쇠를 만들 쇳물을 뜰 수 있는, 철공소에서 일해본 죄수를 섭외합니다. 여기에 자기 친구들까지 여섯 명이 모여서 탈출을 시도하는 거죠.

여섯 명이 땅굴을 파서 외부 창고로 들어갔습니다. 여섯 명이 우르르 외부 창고에서 나오는데 거기에 교도관이 지키고 있었죠. 그런데 여섯 명은 이미 죄수복이 아니라 인부들이 입는 옷으로 갈아입은 뒤였습니다. 그러고는 폰테스가 태연하게 교도관에게 인사를 합니다. 탈옥을 계획하고 땅굴을 파고 나와서 "이제 자유다!" 하고 있는데, 교도관이 총을 들고 있으니 얼마나 당황스러웠겠습니까? 그런데도 폰테스는 교도관에게 "퇴근할게요"라고 인사하고는 여섯 명이 퇴근하는 것처럼 나온 겁니다. 그 뒤에 차량을 훔쳐서 도주했죠. 여섯 명이 한꺼번에 탈옥에 성공한 아주 유명한 사건입니다.

엘마이라 교도소 탈옥 사건

세번째 사건은 엘마이라 교도소를 탈옥한 티머시의 이야기입니다. 티머시는 15년 동안 수감생활을 하다가 탈옥합니다. 이 정도 있었으면 익숙해

질 때도 됐는데, 어쨌든 탈옥을 결심합니다. 혼자 하는 것도 아니고 다른 죄수를 설득해서 두 명이 함께 탈옥을 계획합니다.

엘마이라 교도소의 구조는 알톤 교도소와 비슷합니다. 옥상으로 올라가서 줄을 타고 내려오면 됩니다. 그러면 티머시에게도 줄톱이 있어야겠죠? 티머시는 어떻게 들여올까요? 간단합니다. 담배 안에 넣어 들여오는 겁니다. 담뱃갑을 보면 은박지가 있잖아요. 그래서 엑스레이로 반입물을 검사해도 걸리지 않습니다. 게다가 티머시는 15년간 수감생활을 하면서 모범수로 지냈습니다. 그러니까 교도관들이 방심을 했던 겁니다.

옥상으로 올라가려면 우선 자기 방이 꼭대기 층에 있어야 합니다. 하지만 티머시의 방은 1층이었습니다. 그래서 방을 바꿔달라고 합니다. 원래는 바꿔주지 않는데 티머시가 모범수라서 방을 바꿔줬습니다.

어쨌든 이렇게 해서 천장을 통해 옥상으로 갔는데, 거기서 코미디 같은 상황이 벌어집니다. 옥상에 올라가 이제 줄을 타고 내려가려고 보니 건물 높이가 12미터입니다. 그런데 같이 탈옥한 친구에게 고소공포증이 있었던 거죠. 못 내려가고 떨고 있었던 겁니다. 티머시가 먼저 시범을 보이는 와중에 줄과 줄을 연결한 부위에 발이 끼어서 거꾸로 매달리고 맙니다. 티머시는 몸을 흔들어 떨어지면서 다리를 다칩니다. 반면 고소공포증이 있던 친구는 오히려 조심스럽게 안 다치고 내려옵니다.

탈옥을 하면 아침 점호 전까지 최대한 멀리 도망을 가야 합니다. 다리가 정상이었으면 충분히 도망갈 수 있었겠지만, 다리를 다쳤으니 그러질 못했습니다. 거기다 같이 탈옥한 친구도 혼자만 도망친 게 아니라 의리 있게 다친 티머시를 부축하고 가는 바람에, 결국 얼마 못 가서 다 잡혔습니다.

탈옥의 결말

세 건의 탈옥 사건을 살펴봤습니다. 이 사람들의 공통점이 있습니다. 첫 번째로 교도소의 구조를 완벽하게 파악했다는 겁니다. 드라마 〈프리즌 브레이크〉에서도 그렇습니다. 주인공 스코필드는 교도소의 설계도를 아예 몸에 새겨넣잖아요. 교도소의 구조를 모르면 탈옥을 할 수가 없습니다. 두 번째로 교도관과 우호적 관계를 유지하던 사람들이 탈옥을 합니다. 세번째는 도구가 있어야 합니다. 마지막으로 신뢰할 만한 동료가 필요합니다. 이런 조건이 갖춰져야만 탈옥을 할 수 있습니다.

더욱 중요한 건 실제로 탈옥을 계획하는 사람들이 실패하는 이유의 90퍼센트 이상이 내부고발 때문이라는 겁니다. 교도관에게 발각되는 경우는 거의 없습니다. 대부분은 옆 사람이 고발하는 겁니다. 고발한 사람한테는 혜택이 오잖아요. 〈프리즌 브레이크〉에서도 어떤 사람을 무리에 포함시킬 것인가 말 것인가를 두고 가장 고민합니다. 가장 중요한 탈옥의 조건은 보안 유지입니다.

탈옥 사건을 살펴보고는 탈옥에 성공한 과정만 말씀드리면 이상합니다. 앞선 세 건의 사건에서 탈옥한 사람들은 모두 잡힙니다. 콴테이는 왜 잡혔을까요? 굉장히 쉽게 잡힙니다. 콴테이가 탈옥한 뒤 당국에서 콴테이의 면회 기록을 찾아봤는데 최근 면회 기록이 백인 여자 한 명뿐이었습니다. 이상하죠. 아무도 오지 않다가 갑자기 백인 여자 하나가 찾아온 겁니다. 거기다 콴테이는 흑인인데 백인 여자가 찾아왔으니 의아하게 여긴 거죠. 그래서 여자를 찾아갔더니 화가 난 여자가 다 증언해버립니다. 그래서 콴테이가 잡히죠.

피츠버그 서부 교도소에서 탈출한 여섯 명은 어떻게 잡혔을까요? 그들은 나가서 차를 훔칩니다. 당연히 걸어서 도망가지는 않을 테니 경찰도 먼저 도난 차량을 수색합니다. 그러니까 차를 버렸어야 되는데 차를 안 버린 겁니다. 게다가 한 명은 마약을 하고 길에서 난동을 부리다가 체포됐습니다. 나머지는 훔친 차를 타고 가다가 다 잡혔습니다. 마지막 사건은 이미 말씀드렸죠? 티머시가 다리를 다쳐서 도망을 멀리 못 갔습니다. 결국 위 세 사건은 모두 실패로 돌아갔습니다.

탈옥 왕, 스티븐 러셀

그런데 모든 사람이 탈옥에 실패해서 잡히는 건 아닙니다. 마지막으로 스티븐 러셀이라는 탈옥 왕을 소개하겠습니다. 탈옥 하면 이 사람이 떠오를 만큼 유명하고, 지금은 140년 형을 선고받고 수감중입니다. 스티븐 러셀은 네 번 탈옥을 하는데, 네 번 다 기가 막힙니다. 특히 러셀이 특이한 점은 연장도 없고 오래 준비하는 것도 아니라는 겁니다. 이전까지 탈옥이 기본적으로 육체노동이었다면, 러셀은 정신노동으로 탈옥을 했습니다. 수준이 다른 겁니다.

러셀은 처음에 절도로 교도소에 수감되는데 거기서 모범수가 됩니다. 모범수로 생활하면서 친해진 교도관에게 무전기를 빌려달라고 합니다. 그러고는 그 무전기로 문을 열라는 무전을 칩니다. 그러곤 나가는 겁니다. 이게 첫번째 탈옥입니다. 정말 간단하면서도 대단합니다.

두번째는 보석제도를 이용했습니다. 러셀의 보석금이 90만 달러였습니다. 그런데 자기가 가진 돈은 4만 5000달러였습니다. 그래서 보석 서류를 위조합니다. 보석금을 4만 5000달러로 위조해서 나간 겁니다.

두번째까지는 대단하기는 하지만 조금 밋밋합니다. 세번째가 하이라이트입니다. 러셀이 또 감옥에 수감됐습니다. 감옥에는 죄수가 있고 교도관이 있습니다. 교도관은 서로 알아보겠죠. 그런데 감옥에 가끔 오는 의사가 있습니다. 의사는 바뀔 수도 있으니까 교도관이 못 알아보더라도 의심을 하지 않습니다. 그래서 러셀은 흰색 죄수복을 의사들이 입는 녹색으로 염색했습니다. 그러고는 미리 훔쳐둔 의사 신분증을 붙이니까 실제 의사인 것처럼 보인 거죠. 그렇게 위장을 하고 나가서 문을 두드리고 탈옥을 한 겁니다.

그러다 또 감옥에 들어옵니다. 네번째 들어왔을 때는 설사가 나게 하는 약을 달라고 합니다. 그걸 먹고는 설사를 엄청나게 해서 살을 뺐습니다. 온몸에 파란 점을 찍고요. 그러고 나서 에이즈라고 의료기록을 위조했습니다. 결국 러셀은 에이즈 환자로 판명을 받고 병실로 가는 도중에 탈옥했습니다. 아주 뛰어난 사람입니다.

네번째 탈옥을 한 후 에이즈 환자로 속여서 보험사기도 쳤습니다. 그러다가 또 걸렸겠죠. 경찰이 들이닥치자 심장마비가 온 것처럼 난리를 쳤습니다. 그렇게 병원으로 실려 갔더니 병실 밖에는 FBI 요원이 와서 기다리고 있었습니다. 하지만 러셀은 이 FBI 요원에게 전화를 해서 상관인 척을 합니다. 병실에 있는 사람은 우리가 찾는 사람이 아니니까 철수하라고 명령한 거죠. 그렇게 FBI 요원이 철수하자 또 도망을 갔습니다. 그러다가 다시 잡혀서 지금은 140년 형을 받고 수감중입니다. 24시간 카메라로 감시하고 자유시간은 하루 한 시간뿐이며 방도 매일매일 옮겨가면서 초특급 감시를 받고 있습니다.

한 다큐멘터리에서 러셀과 인터뷰를 했습니다. 그때 러셀이 말했습니다. 사람들이 전혀 생각 못하는 빈틈을 노려야 한다고. 아무리 철통같아도 빈틈은 있게 마련이라고 말입니다. 지금 있는 감옥에도 빈틈이 있느냐는 질문에는 "물론"이라고 대답했습니다. 아직 탈옥 왕 스티븐 러셀의 탈옥은 끝나지 않은 것 같습니다.

〈쉰들러 리스트〉로 본
아우슈비츠

★

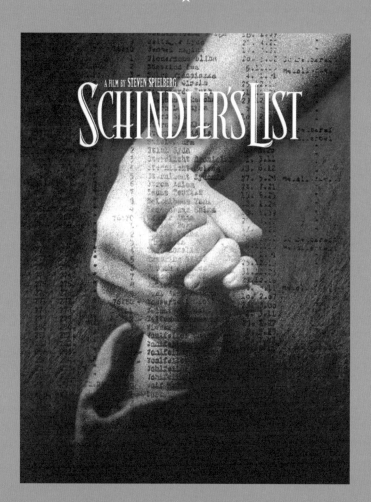

쉰들러 리스트 Schindler's List (1993)
감독: 스티븐 스필버그
출연: 리엄 니슨, 벤 킹즐리, 레이프 파인스

할리우드 영화 역사에서 빼놓을 수 없는 감독 중 한 명이 바로 스티븐 스필버그입니다. 우리에게도 정말 유명한 감독이고, 특히 1990년대 할리우드 영화는 스티븐 스필버그를 빼고는 말할 수가 없습니다. 그런데 스필버그는 제임스 캐머런이 그랬던 것처럼 엄청난 흥행 성적에도 불구하고 상과 크게 인연이 없었습니다. 그래서 마음먹고 상을 받기 위해서 만들었는지는 모르겠지만, 마침내 〈쉰들러 리스트〉로 1994년 아카데미 시상식을 휩쓸었습니다. 작품상, 감독상, 각색상, 촬영상, 미술상, 음악상, 편집상 등 일곱 개 부문에서 수상했습니다.

　쉰들러 역을 맡은 배우는 리엄 니슨입니다. 쉰들러는 유대인이 운영하는 그릇 공장을 인수하고 싶어했습니다. 처음에는 돈만 아는 사람이었던 거죠. 그래서 나치당원에게 로비를 해서 그릇 공장을 인수해 유대인을 고용했습니다. 그러다가 실제로 유대인이 학살당하는 장면을 보게 됩니다. 빨간 코트를 입은 소녀가 죽어가는 것을 보면서 오스카 쉰들러는 크게 깨닫습니다. 그래서 포로들을 자신의 공장으로 데려갑니다. 이에 관해서도 논쟁이 많았습니다. 실제로는 유대인 포로들을 구하려고 한 것이 아니라 돈을 받아내려고 한 것이라는 설도 있는데, 어쨌든 마지막에는 자기 돈을 써가면서 아우슈비츠에 수용된 사람들을 구합니다. 그렇게 쉰들러가 1100명의 유대인 포로들을 구하는 내용의 영화입니다.

　영화의 마지막에 쉰들러가 절규하는 장면이 나옵니다. 나치당원 배

지가 금으로 만들어졌는데, "그 금을 팔았으면 두 명은 더 구할 수 있었을 것이고, 차를 팔았으면 열 명은 더 구할 수 있었을 텐데……" 하면서 깊은 탄식을 하죠.

end

아우슈비츠 수용소

아우슈비츠 수용소에 가면 정문 위에 'Arbeit macht frei', '노동이 너희를 자유롭게 하리라'라고 쓰여 있습니다. 한마디로 일만 시키겠다는 말입니다. 폴란드에 있는 아우슈비츠 수용소는 1940년 루돌프 헤스 대위가 처음 건설했습니다. 원래 목적은 폴란드 정치범을 수용하기 위한 곳이었는데, 이 지역이 물과 석탄, 석회가 풍부해 공장이 들어서면서 거대한 수용소로 변하게 됩니다.

저는 이곳에 가본 적이 있습니다. 실제로 보고 정말 놀랐죠. 황량한 벌판에 세워진 기념관에서는 당시의 장면을 보여주고 있었고, 당시의 시설들이 남아 있어서 그 참혹함을 짐작케 했습니다. 수많은 유대인들을 죽인 '가스실'은 대단한 시설이 아니라 샤워기만 일렬로 있는 목욕탕입니다. 2주에 한 번 목욕을 할 수 있게 했다는데, 물이 나오면 살고 가스가 나오면 죽는 거죠.

아우슈비츠 수용소

폴란드의 오시비엥침에 있는 수용소로, 수도 바르샤바에서 약 300킬로미터 떨어진 곳에 위치합니다. 이곳에서 처형된 사람들은 주로 유대인, 소련군 포로, 정신질환자, 동성애자, 나치에 반대하는 사람들이었습니다. 나치의 강제수용소 중에서 최대 규모이며, 이곳에서 약 600만 명이 살해당한 것으로 추정합니다.

1945년 1월 27일 소비에트연방의 붉은 군대에 의해 해방되었으며, 현재는 박물관과 전시관으로 꾸며져 있습니다.

처음에는 군수물자를 위한 공장이었던 이곳이 왜 유대인을 학살하는 곳으로 바뀌었을까요? 이 당시 독일은 고민이 있었습니다. 히틀러가 소련을 공격해 소련 군대를 다 잡아온 겁니다. 포로가 300만 명입니다. 그런데 300만 명을 어떻게 먹여 살리겠습니까? 전쟁을 하느라 자국민들도 먹고살기가 매우 어려운 상황인데요. 그래서 포로들을 다 죽이기로 한 겁니다.

처음에는 기관총을 쏴서 죽입니다. 그런데 생각해보니까 여러 면에서 비효율적이었던 겁니다. 먼저 총알이 아깝잖아요. 두번째로 옷에 구멍이 나고 피가 묻으니까 옷이 재활용이 안 됩니다. 세번째로는 매일 사람들을 직접 죽이다보니 군인들이 스트레스를 받습니다. 하다못해 매일 소를 전기충격기로 죽이는 직업인도 힘들어하는데, 사람을 총으로 쏴 죽이는 사람 마음이 편할 수가 있겠습니까? 엄청난 스트레스에 시달립니다. 그래서 사기가 떨어지는 겁니다. 그래서 힘러라는 사람이 대량학살 방법을 찾자고 제안합니다.

대량학살에는 어떤 방법이 있겠습니까? 처음에 생각할 수 있는 것이 일산화탄소입니다. 사람은 일산화탄소를 마시면 죽습니다. 한꺼번에 여러 명을 죽일 수 있습니다. 그런데 일산화탄소는 치명적인 약점이 있습니다. 압축탱크에 넣어서 원하는 곳까지 가져가야 하니 운반 비용이 많이 들었습니다. 거기에 폭발 위험까지 있으니 불편한 겁니다.

그래서 두번째로 생각한 건 폭탄입니다. 사람들을 모아놓고 폭탄을 터뜨리는 겁니다. 그런데 그건 뭐가 문제겠습니까? 시체가 갈기갈기 찢기는 겁니다. 그걸 처리하는 일이 보통 일이 아닌 거죠. 죽이는 일만 해도 스트레스를 받는데, 그후에 심하게 손상된 시체들을 치우는 건 더 스트레스를 받지 않겠습니까?

이때 히틀러의 부하 중 한 사람이 밤에 차 안에서 잠을 자다가 우연히 배기가스가 차 안으로 들어와서 죽다가 살아났습니다. 이 사람은 자살하려던 게 아니고 우연히 이렇게 된 겁니다. 여기서 착안했습니다. 사람들을 밀폐된 공간에 모아놓고 자동차 배기가스를 틀어놓자. 그러고는 죽을 때까지 기다리는데, 이 방법도 문제가 있습니다. 사람들이 죽기 전에 구토를 하는데, 그것을 치우기가 역시 만만찮았던 거죠.

그래서 맨 마지막에 나온 방법이 '치클론 B(Zyklon B)'라는 건데, 원래 살충제 같은 겁니다. 고농축 살충제를 뿌려서 사람을 죽이는 겁니다. 독가스라는 게 고농축 살충제인 거죠. 이렇게 대량학살이 시작됩니다.

아우슈비츠 수용소에 기차가 들어오면 기차에 있는 사람들을 양쪽으로 나눠서 보냅니다. 일을 할 수 있을 만한 사람들과 아닌 사람들을 나누는 겁니다. 튼튼한 사람만 일을 시키기 위해 살려두고, 나머지는 들어오는 대로 바로 가스실로 보냅니다.

가스실에 보낼 때는 키 순서대로 세웁니다. 목욕탕이니까 옷을 벗고 들어가게 합니다. 머리도 전부 깎아버리죠. 벗어놓은 옷은 얼마든지 재활용할 수 있습니다. 머리카락은 가발을 비롯해 여기저기 활용할 수 있고요. 샤워기를 틀면 가스가 나오는데, 그냥 발가벗은 채로 쓰러져 죽는 겁니다. 토사물도 없고 찢어진 시체도 없습니다. 그러니 치우는 인원도 많이 필요 없고 아주 효율적입니다. 너무 슬프고 잔인한 이야기죠. 여기서 끝이 아닙니다. 시체에서 지방만 뽑아서 기름으로 쓰고, 뼈로는 파이프를 만들고, 시체는 비료로 쓰는 등 완벽하게 재활용을 합니다.

아우슈비츠 수용소는 하루 종일 사람들을 죽이는 곳입니다. 오늘은 몇 명을 죽이는 데 돈이 얼마 들었고 몇 시간의 노동력이 투입되었는지 계산

합니다. 어떻게 하면 비용과 노동력을 더 절약할 수 있을지 연구했던 곳입니다. '오늘 사람 20만 명을 죽이는 데 3000원이나 썼어. 내일부터는 2000원만 써야지.' 이게 아우슈비츠 수용소입니다. 어떻게 하면 가장 효율적으로, 부작용 없이, 관련된 군인들의 스트레스 없이 죽일지를 연구하는 곳입니다. 아우슈비츠는 '수용소'가 아니라 그냥 사람을 죽이기 위한 '살인 공장'이었습니다.

아래 사진이 그나마 살아남은 건강한 사람들입니다. 저 닭장 같은 공간 한 칸에서 세 명이 자는 겁니다. 하루에 열두 시간 이상 노동하고, 네 시간 잠자고, 나머지 시간에는 대부분 점호를 받습니다. 탈옥할까봐 계속 감시하는 겁니다. 이게 살아남은 이들의 삶입니다. 밥 먹는 건 볼 것도 없습니다. 그나마 일을 시켜야 하니까 세 끼를 다 먹었다고 합니다. 제대로 된 식사였을 리는 없죠. 썩은 음식을 주든 뭘 주든 주기는 주는 겁니다. 일을 시켜야 하니까요.

의사 출신인 요제프 멩겔레라는 사람이 아우슈비츠에 와서 실험을 합니다. 우리도 똑같이 당했던 겁니다. 731부대. 제대로 밝혀지지 않아서 그렇지 살아 있는 인체를 대상으로 세균 실험을 했죠. 윤동주 시인, 이육사 시인, 신채호 선생, 모두 다 당하지 않았겠습니까?

마찬가지로 요제프 멩겔레도 인간을 대상으로 실험을 하는데, 그 중에서도 쌍둥이에 관심이 아주 많았습니다. 쌍둥이를 붙입니다.

수용소 내부 포로들의 방.

샴쌍둥이를 일부러 만드는 거죠. 인간의 잔인함이라는 건 정말 끝이 없습니다. 이렇게 해놓으면 살겠습니까? 바로 죽죠. 또 사람을 찬물에 넣어놓고 몇 도에 얼어죽나 실험하는 겁니다. 순수한 아리아인을 만들겠다고 눈에 파란 염색약을 넣습니다. 괴기영화에서나 나올 법한 일이 20세기에 실제로 아우슈비츠 수용소에서 발생했습니다.

그런데 아우슈비츠 수용소가 나치 군대에서는 가장 가고 싶어하는 곳이었습니다. 가장 가고 싶지 않은 곳은 러시아 전선. 러시아 전선에 가느니 차라리 죽겠다고 하던 시대입니다. 그런데 아우슈비츠는 왜 가고 싶어했을까요? 포로들이 잡혀오면서 자기의 중요한 재산을 끝까지 가지고 오는데 죽기 전에 옷을 다 벗으니까 이것들을 숨길 수가 없습니다. 이렇게 포로들이 가져온 귀중품을 빼돌리는 겁니다. 베를린으로 보내라는 걸 나치 군인들이 다 빼돌려서 부정축재를 합니다. 비리의 천국이죠.

그러면 여기에 관련된 사람들이 전쟁 후에 전범재판을 제대로 받았을까요? 수용소에서 일했던 나치들이 모두 처형된 것은 아니죠. 그래서 루돌프 헤스가 장교들에게 전부 일반 사병으로 위장하라 시

전범재판
———
종전 후 국제법에 따라 전쟁범죄자들을 형사처벌하기 위해 열리는 재판입니다. 가장 대표적인 재판이 제2차세계대전 종전 후 미국을 중심으로 한 승전국들이 패전국인 독일의 전쟁범죄자들을 재판한 뉘른베르크 전범재판과 일본의 전쟁범죄자들을 재판한 극동 국제군사재판입니다.

뉘른베르크 전범재판
1차 공판: 1945년 10월 1일부터 1년간 1급 전범 23명에 대한 재판이 이루어졌고, 이중 2명은 구금 중 자살 또는 병사했으며, 13명은 사형, 3명은 종신형, 3명은 징역형, 3명은 형이 면제됨.
2차 공판: 1946년 12월~1949년 3월. 유대인 학살에 대한 재판으로 학살에 관여한 185명이 기소되어 이중 25명에게 사형, 20명에게 무기징역이 선고됨.

극동 국제군사재판
1946년 4월 29일 기소하여 5월 3일에 시작, 1948년 11월 12일에 모든 판결이 완료됨. 60여 명 이상의 전쟁범죄 용의자 중 28명 기소. 판결 결과 교수형 7명, 종신형 16명, 유기금고형 2명 등 25명이 형을 선고받았으며, 2명은 판결 전에 병사하고 1명은 면제를 받음. 하지만 극동 국제군사재판은 최대 책임자인 일본 천황과 난징 대학살의 지휘관을 비롯한 주요 일본 왕족들의 처벌을 면제.

키고 본인도 숨었습니다. 그래서 바로 잡히지 않았죠. 나중에 헤스가 숨은 곳을 말하지 않으면 다 수용소로 보내버리겠다고 그의 가족들을 협박해서 결국 그를 찾아냈습니다. 헤스가 사형선고를 받기 전에 한 말이 가족들과 많은 시간을 못 보내 아쉽다는 것이었습니다. 천인공노할 일입니다. 요제프 멩겔레는 숨어 있다가 남미로 도주해서 1979년에 늙어 죽습니다. 미칠 노릇입니다.

아우슈비츠 수용소의 관리들이 8000명 정도 있었는데, 7000명이 살아남습니다. 800명만 전범재판소로 갔습니다. 살인 행위와 아우슈비츠를 운영한 것은 다르다고 해서 재판도 받지 않은 겁니다.

살아남은 유대인들은 전쟁 전의 재산권을 전혀 인정받지 못했습니다. 소련군 포로는 스탈린이 가만히 놔두지 않았습니다. 살아서 더 슬픈 겁니다. 스탈린이 1000만 명을 학살할 때, 그중에서 소련군 600만 명이 독일군 첩자라는 이유로 처형당했습니다. 수용소 출신 소련군은 다 죽었습니다. 여군은 말할 것도 없고, 집시는 유대인 만큼 학살당했음에도 불구하고 제대로 인식조차 안 되고 있습니다.

지금까지 〈쉰들러 리스트〉를 통해서 나치의 잔인함, 전쟁의 참혹함 그리고 아우슈비츠 수용소의 참상을 조금이나마 살펴봤습니다.

대한민국 진짜 교양을 책임진다!
교과서를 기반으로 일반인의 교양지수를 높여줄 대국민 프로젝트

최고의 선생님이 뭉쳤다
〈휴먼 특강〉 프로젝트

HUMAN SPECIAL LECTURE

1. 사상 최초, 전무후무한 스타강사진

: 국내 최초로 스타강사, 일타강사를 과목별 저자군으로 선정,

그 어디에서도 볼 수 없었던 초호화 스타강사진 형성.

〈최진기·설민석·한유민·이현·이지영·김성묵·박대훈·이은직 등〉

2. 쉽고, 재미있게! 국민교양서

: 교과서를 기반으로 일반인의 교양지수를 높여줄 대국민 프로젝트.

인생을 살아가는 데 꼭 필요한 필수 교양을 마스터하는 대중 지식의 향연.

3. 검증된 〈휴먼 특강〉 기획위원단

: 교과서 출제위원, 사교육계 자문위원, 현직 고등학교 선생님, 대학 교수진 등

콘텐츠의 자문과 기획 등 조언을 해주는 검증된 기획위원 도입.

4. 개론과 각론 등 계속해서 이어지는 〈휴먼 특강〉 시리즈

: 긴 호흡을 갖고 종횡으로 스타강사진의 전공과목 및 주제 등을 선정하여 단행본화.

〈인문학·경제학·철학·역사학 등〉

쉽고! 재미있게!
실생활에 당장 써먹을 수 있는
생생한 글로벌 경제 이야기!

왜, 우리는 글로벌 경제를 알아야 하는가?
우리는 어떻게, 강대국의 상황을 파악하고 이해해야 하는가?
우리는 무엇을 배우고 어디로 가야 하는가?

최진기의
글로벌
경제 특강

살아 있는, 삶에 유용한 경제 이야기

최진기 지음

MBC 〈무한도전〉이 선택한
최고의 한국사 선생님 설민석과 함께하는
대국민 '한국사 바로 알기' 프로젝트!

꼭 알아야 하는 우리의 역사!
꼭 지켜야 하는 우리의 문화!

왜, 우리는 한국사를 알아야 하는가?
스타강사 설민석이 명쾌하게 말하는 쉽고 재미있는 한국사!

설민석의
무료 무지 쉽고 도움 되는
한국사
특강

설민석 지음

최진기의 끝내주는 전쟁사 특강 (전 2권)

최진기 지음

가장 대중적인 인문학 강사
최진기가 전쟁을 통해 바라본
세계 역사의 변화

왜 우리는 전쟁을 알아야 할까?
전쟁 속 전략과 정보를 통해 치열한 삶에서 승자가 되어보자!

한유민의 그럴법한 생활법률 특강

한유민·조태욱 지음

스타강사와 변호사가 말하는
쉽고 재미있는
생활밀착형 법률 이야기!

법을 알면 세상이 제대로 보인다

민사/형사/비즈니스 3개의 장으로 구성된 일상 속 법률 이야기!

김성묵의
무뎌 무지 쉽고 도움 되는
동양 철학
특강
김성묵 지음

공자부터 정약용까지,
유학부터 동학까지
한 눈에 파악하는 동양 철학 길라잡이

15년차 스타강사와 함께하는
대국민 '공맹순' 바로 알기 프로젝트!

최진기의 거의 모든 인문학 특강

최진기 지음

죽은 지식이 아닌 '생활밀착형' 인문학을 말하다!

가장 대중적인 인문학 강사 최진기와 함께하는
대국민 '인문학' 바로 알기 프로젝트!

〈근간〉

박대훈의 지식 특강 | 최진기의 정의와 자본 특강 | 이현의 서양 철학 특강
이지영의 인문학 특강 | 이은직의 고전 특강 | 곽주현의 세계사 특강 등
휴먼 특강 시리즈는 계속 됩니다.

최진기의 거의 모든 인문학 특강

ⓒ 최진기 2015

1판 1쇄 2015년 4월 9일
1판 4쇄 2017년 2월 13일

지은이 최진기
펴낸이 황상욱

기획 황상욱 윤해승 **편집** 황상욱 윤해승
디자인 최윤미 **마케팅** 방미연 최향모 오혜림
홍보 김희숙 김상만 이천희
일러스트 홍원표 **교정** 양재화 이수경 **정리** 이수영
제작 강신은 김동욱 임현식 **제작처** 영신사

펴낸곳 (주)휴먼큐브
출판등록 2015년 7월 24일 제406-2015-000096호

주소 10881 경기도 파주시 회동길 210 1층
문의전화 031-955-1902(편집) 031-955-1935(마케팅) 031-955-8855(팩스)
전자우편 forviya@munhak.com

ISBN 978-89-546-3564-6 03190

이 도서의 국립중앙도서관 출판예정도서목록(CIP)은 서지정보유통지원시스템 홈페이지(http://seoji.nl.go.kr)와
국가자료공동목록시스템(http://www.nl.go.kr/kolisnet)에서 이용하실 수 있습니다. (CIP제어번호 : CIP2015007518)

트위터 @humancube44 **페이스북** fb.com/humancube44